跨境电子商务
创新型人才培养系列教材

跨境
电商营销

李琦 / 主编　刘野　周锡飞　张涛 / 副主编

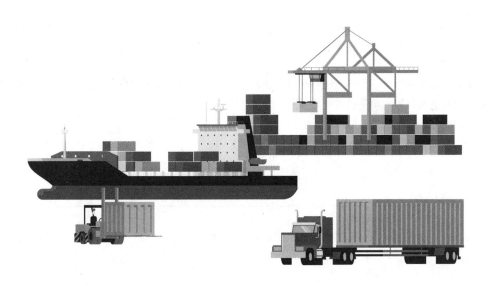

CROSS-BORDER
Electronic Commerce

人民邮电出版社
北　京

图书在版编目（CIP）数据

跨境电商营销 ：慕课版 / 李琦主编. — 2版. —
北京 ：人民邮电出版社，2023.10
　跨境电子商务创新型人才培养系列教材
　ISBN 978-7-115-62417-8

Ⅰ. ①跨… Ⅱ. ①李… Ⅲ. ①电子商务－网络营销－
教材 Ⅳ. ①F713.365.2

中国国家版本馆CIP数据核字(2023)第142564号

内 容 提 要

本书以培养适应跨境电商发展需要的应用型的、高层次的专业人才为目标，根据跨境电商营销岗位的工作任务及能力要求设计教学项目，主要介绍了跨境电商市场的调研与分析、跨境电商营销工具的应用（主要有搜索引擎营销、社会化媒体营销、视频营销、电子邮件营销等），以及跨境电商营销策划等内容。

本书采用项目教学的方式组织内容，以跨境电商企业网络营销工作流程为纲设计项目内容，每个项目由项目情境引入、项目任务书、任务描述、相关知识、任务实施、知识拓展、同步拓展和项目总结等部分组成。

本书可作为跨境电子商务、国际经济与贸易、电子商务等专业的教学用书，也可以作为跨境电商培训或跨境电商营销人员学习的参考资料。

◆ 主　　编　李　琦
　　副主编　刘　野　周锡飞　张　涛
　　责任编辑　侯潇雨
　　责任印制　王　郁　彭志环
◆ 人民邮电出版社出版发行　　北京市丰台区成寿寺路 11 号
　　邮编　100164　　电子邮件　315@ptpress.com.cn
　　网址　https://www.ptpress.com.cn
　　天津千鹤文化传播有限公司印刷
◆ 开本：787×1092　1/16
　　印张：12.25　　　　　　　2023 年 10 月第 2 版
　　字数：305 千字　　　　　2024 年 12 月天津第 3 次印刷
定价：49.80 元

读者服务热线：(010)81055256　印装质量热线：(010)81055316
反盗版热线：(010)81055315
广告经营许可证：京东市监广登字 20170147 号

前言
FOREWORD

党的二十大报告指出，要"推动货物贸易优化升级，创新服务贸易发展机制，发展数字贸易，加快建设贸易强国"。跨境电商等新业态、新模式的蓬勃发展成了外贸行业的新动能。近年来，国家一直高度重视跨境电商的发展，先后设立了165个跨境电子商务综合试验区，发展红利惠及各方。2023年，出入境限制逐步放开，跨境电商行业也迎来了新的发展机遇。

跨境电商快速发展的同时也面临着激烈的市场竞争，公域流量成本逐步升高，出口产品运营方式趋于数字化、本土化，引流方式趋于多样化。面对市场的不确定性因素，跨境电商企业应根据其产品特性匹配不同的营销渠道，通过多渠道引流搭建有效的用户数据中台，盘活私域流量，利用不同方式关联潜在的消费人群进行定向宣传，促进消费行为的再次产生，以此强化消费者对品牌的认知。因此，在跨境电商领域，流量的获取至关重要。

本书以就业能力培养为导向，以培养学生的专业知识和技术应用能力、自主学习与创新能力、综合职业素质为指导思想，采用项目教学的方式组织内容。本书参考学时为74学时，建议采用理论实践一体化的教学模式。各项目的参考学时见表1。

表1　学时分配表

项目	课程内容	学时
项目一	跨境电商营销认知	6
项目二	跨境电商市场调研	6
项目三	跨境电商市场分析	6
项目四	搜索引擎营销	12
项目五	社会化媒体营销	12
项目六	视频营销	12
项目七	电子邮件营销	10
项目八	跨境电商营销策划	8
	课程考评	2
学时总计		74

本书提供丰富的立体化教学资源，包括 PPT、教案、习题答案、视频等，用书教师可登录人邮教育社区（www.ryjiaoyu.com）下载并获取相关教学资源。

慕课视频

本书由湖州职业技术学院李琦担任主编，其同时负责统稿与框架结构设计；湖州职业技术学院刘野、浙江工商职业技术学院周锡飞，以及安吉万宝智能家居科技有限责任公司运营总监张涛担任副主编。

本书汲取了众多专家、学者的研究成果，也得到了众多行业业务能手的悉心指导，在此谨致谢忱！由于编者水平和经验有限，书中难免有不足之处，敬祈读者批评指正！

编者

2023 年 8 月

目录
CONTENTS

跨境电商营销认知

项目情境引入 ↓

近年来，《关于实施支持跨境电子商务零售出口有关政策的意见》等一系列涉及跨境电商的政策性文件的发布，支持我国跨境电商企业的发展，推动我国外贸发展方式从"制造驱动"向"服务驱动"转型升级。此外，数字经济的发展加速经济社会各领域的渗透融合、推动国际贸易增长，从而重塑跨境电商行业的各个领域与环节。随着大数据等技术应用于跨境贸易、生产、物流和支付等领域，电子支付更加便利，全球物流更加快捷，海关监管流程不断优化，跨境贸易逐步实现智慧型转型。

中国跨境电商市场蓬勃发展，规模逐年扩大，未来将占据更加重要的地位。而跨境电商运营的核心能力是营销能力，跨境电商企业需要了解以下问题。

1. 跨境电商营销是什么，跨境电商营销岗位要做什么。
2. 跨境电商营销的目标是什么。
3. 跨境电商营销与传统营销相比，有什么不同和优势。
4. 跨境电商平台营销和独立站营销有什么区别。

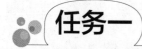

项目任务书如表 1-1 所示。

表 1-1　项目任务书

任务编号	分项任务	能力目标	知识目标	素质目标
任务一	认识跨境电子商务	能利用资讯平台了解行业前沿讯息	1. 了解跨境电商的定义 2. 了解跨境电商的特点 3. 熟悉我国跨境电商的发展现状	1. 树立大国自信、建立家国情怀、具备接力跨境电商发展的使命感
任务二	熟悉营销理论	能区分网络营销和传统营销	1. 了解市场营销和网络营销的定义 2. 了解市场营销理论 3. 熟悉我国网络营销的发展历程	2. 具有跨境电商行业敏感度，善于捕捉相关行业、企业的最新信息
任务三	认识跨境电商营销	能区分跨境电商平台营销和独立站营销的不同	1. 了解跨境电商营销的定义 2. 熟悉跨境电商营销岗位的工作任务 3. 熟悉跨境电商营销的发展趋势	3. 保持终身学习心态，利用互联网不断学习新知识、新技术

任务一　认识跨境电子商务

▍一、任务描述

近年来，随着全球贸易增速整体放缓，跨境电子商务异军突起，改变了传统的商品交易方式，成为跨境贸易领域中极具竞争力的新业态、新引擎。任务一主要带领大家认识跨境电子商务。

▍二、相关知识

（一）跨境电子商务的定义

跨境电子商务（Cross-Border Electronic Commerce）是指分属不同关境的交易主体，通过电子商务平台达成交易、进行支付结算，并通过跨境物流送达商品、完成交易的一种国际商业活动。

跨境电子商务，一般简称"跨境电商"，作为推动经济一体化、贸易全球化的技术基础，具有非常重要的战略意义。跨境电子商务不仅冲破了国家（地区）间的阻碍，使国际贸易走向无边界贸易，同时它也正在引起世界经济贸易的巨大变革。对于企业来说，跨境电子商务构建的开放、多维、立体的多边经贸合作模式，极大地拓宽了进入国际市场的路径，大大促进了多边资源的优化配置与企业间的互利共赢；对于消费者来说，跨境电子商务使他们能非常容易地获取其他国家（地区）的信息并买到物美价廉的商品。

（二）跨境电子商务的特点

1. 全球性

跨境电商交易的基础是网络，而网络是没有边界的，具有全球性和非中心化的特点。与传统的商品交易方式相比，跨境电商的一个重要特点在于其是一种无边界交易。

2. 无形性

网络的发展使数字化产品和服务的传输盛行。而数字化产品和服务的传输是通过不同类型的媒介，例如数据、声音和图像在全球化网络环境中集中进行的，这些媒介在网络中是以计算机数据代码的形式出现的，因而是无形的。

3．匿名性

匿名性主要源自跨境电商全球性的特征，在网络上很难识别电子商务用户的身份和其所处的地理位置。虽然在线交易的消费者不显示自己的真实身份和自己所处的地理位置，但是这丝毫不影响交易的进行。

4．及时性

对于网络而言，传输的速度和地理距离无关。跨境电商中的信息交流，无论实际时空距离远近，一方发送信息与另一方接收信息几乎是同时进行的，就如同生活中面对面交谈。

5．无纸化

在跨境电商中，电子计算机通信记录取代了一系列的纸面交易文件。用户发送和接收的电子信息都通过网络进行，整个信息发送和接收过程实现了无纸化。

6．快速演进

互联网的网络设施和相应的软件协议在未来发展中具有很大的不确定性，基于互联网的电商活动也处在瞬息万变的过程中，电子交易在短短的几十年中经历了从电子数据交换（EDI）到电商零售业兴起的过程，而数字化产品和服务更是花样翻新，不断改变着人们的生活。

> 小资料
>
> 几大主流跨境电商平台介绍

（三）我国跨境电子商务的发展现状

2020 年以来，尽管面临重重考验，但我国跨境电商依然在推动外贸保稳提质、转型升级等过程中发挥了重要作用。其中，2020 年我国跨境电商进出口规模达 1.62 万亿元人民币，同比增长 25.7%；2021 年我国跨境电商进出口规模达 1.92 万亿元人民币，同比增长 18.6%；2022 年我国跨境电商进出口规模达 2.11 万亿元人民币，同比增长 9.8%，高于整体外贸增速2.1 个百分点，实现连续增长，如图 1-1 所示。据预测，2026 年我国跨境电商交易规模将达到 26 万亿元人民币。

图 1-1 2020—2022 年跨境电商进出口总体情况

在进出口结构方面，2017—2022 年我国跨境电商交易仍然以出口为主，如图 1-2 所示。2022 年跨境电商进出口总额中，出口总额占比为 73.46%，进口总额占比为 26.54%。

2017—2022 年，随着我国跨境电商出口业务的增长以及我国消费者对进口优质商品需求的增加，跨境电商行业渗透率总体提高，如图 1-3 所示。

在交易模式方面，目前我国跨境电商以 B2B（企业对企业电商）交易模式为主，2022 年上半年 B2B 交易模式占比达到 76%。但从发展趋势来看，2017 年至 2022 年上半年 B2C（企业对消费者电商）交易模式占比逐年提升，如图 1-4 所示。随着我国跨境电商行业规模的扩大以及覆盖范围的拓展，未来 B2C 交易规模将会逐渐扩大。

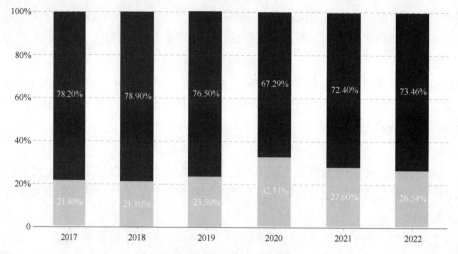

图 1-2　2017—2022 年我国跨境电商进出口结构

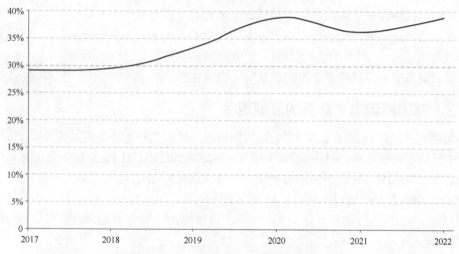

图 1-3　2017—2022 年跨境电商行业渗透率

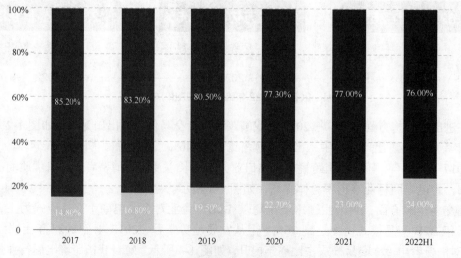

图 1-4　2017 年至 2022 年上半年跨境电商交易模式结构

三、任务实施

步骤一：利用互联网登录前程无忧等招聘网站，调研至少 5 家跨境电商公司，了解每家跨境电商公司的岗位构成及工作任务，完成表 1-2。

表 1-2　跨境电商公司岗位构成及工作任务

项目	运营专员	美工专员	物流专员	采购专员	销售客服
工作任务					
工作能力					

步骤二：调研 5 家跨境电商公司，比较其平台网站、销售模式、经营范围、目标市场、年销售额等基本情况，完成表 1-3。

表 1-3　5 家跨境电商公司基本情况比较

序号	公司名称及平台网站	销售模式	经营范围	目标市场	年销售额	公司大事记
1						
2						
3						
4						
5						

步骤三：借助跨境电商资讯平台和其他途径，调研我国跨境电商发展现状，并撰写分析报告。

四、知识拓展

阅读材料：行业政策环境空前利好

国家政策层面出台了一系列促进跨境电商稳步发展和产业升级的政策意见，重点包括企业税收减免、行业监管、外贸创新发展等方面，为跨境电商带来众多利好，使得跨境电商企业可以合理规划供应链，相关配套政策提供数据支持以促进企业报关信息化并简化申报，海关监管创新也为跨境电商发展提供了有力支撑。表 1-4 列举了 2018—2021 年我国跨境电商行业相关政策。

表 1-4　2018—2021 年我国跨境电商行业相关政策

发布时间	政策
2018 年 8 月	《中华人民共和国电子商务法》
2018 年 9 月	《关于跨境电子商务综合试验区零售出口货物税收政策的通知》
2019 年 10 月	《关于跨境电子商务综合试验区零售出口企业所得税核定征收有关问题的公告》
2020 年 1 月	《关于扩大跨境电商零售进口试点的通知》
2020 年 5 月	《国家外汇管理局关于支持贸易新业态发展的通知》
2020 年 6 月	《关于开展跨境电子商务企业对企业出口监管试点的公告》
2020 年 8 月	《关于扩大跨境电子商务企业对企业出口监管试点范围的公告》
2020 年 10 月	《国务院办公厅关于推进对外贸易创新发展的实施意见》

续表

发布时间	政策
2020 年 11 月	《区域全面经济伙伴关系协定》
2021 年 3 月	《中华人民共和国国民经济和社会发展第十四个五年规划和 2035 年远景目标纲要》
2021 年 6 月	《"十四五"商务发展规划》
2021 年 7 月	《国务院办公厅关于加快发展外贸新业态新模式的意见》
2021 年 9 月	《国企电子商务创新发展行动计划》
2021 年 10 月	《"十四五"电子商务发展规划》

自 2015 年杭州获批中国首个跨境电子商务综合试验区（以下简称跨境电商综试区）以来，我国跨境电商依托综试区建设，在制度创新、管理创新和服务创新等方面积累了大量经验，形成了众多可供借鉴的成熟做法，为跨境电商的高速、高质量发展做出了突出贡献。2020年 4 月，国务院决定在全国已有 59 个跨境电商综试区的基础上再设 46 个综试区，跨境电商零售进口试点扩大至 86 个城市和海南全岛。截至 2022 年 3 月，跨境电商综试区城市数量已达 132 个，如表 1-5 所示。

表 1-5 跨境电商综试区试点城市名单

批次	城市名单
第一批跨境电商综试区城市	2015 年 3 月，国务院同意设立中国（杭州）跨境电商综试区
第二批跨境电商综试区城市	2016 年 1 月，国务院常务会议决定，在天津市、上海市、重庆市、合肥市、郑州市、广州市、成都市、大连市、宁波市、青岛市、深圳市、苏州市等 12 个城市设立第二批跨境电商综试区
第三批跨境电商综试区城市	2018 年 7 月，国务院同意在北京市、呼和浩特市、沈阳市、长春市、哈尔滨市、南京市、南昌市、武汉市、长沙市、南宁市、海口市、贵阳市、昆明市、西安市、兰州市、厦门市、唐山市、无锡市、威海市、珠海市、东莞市、义乌市等 22 个城市设立跨境电商综试区
第四批跨境电商综试区城市	2019 年 12 月，国务院同意在石家庄市、太原市、赤峰市、抚顺市、珲春市、绥芬河市、徐州市、南通市、温州市、绍兴市、芜湖市、福州市、泉州市、赣州市、济南市、烟台市、洛阳市、黄石市、岳阳市、汕头市、佛山市、泸州市、海东市、银川市等 24 个城市设立跨境电商综试区
第五批跨境电商综试区城市	2020 年 4 月，国务院同意在雄安新区、大同市、满洲里市、营口市、盘锦市、吉林市、黑河市、常州市、连云港市、淮安市、盐城市、宿迁市、湖州市、嘉兴市、衢州市、台州市、丽水市、安庆市、漳州市、莆田市、龙岩市、九江市、东营市、潍坊市、临沂市、南阳市、宜昌市、湘潭市、郴州市、梅州市、惠州市、中山市、江门市、湛江市、茂名市、肇庆市、崇左市、三亚市、德阳市、绵阳市、遵义市、德宏傣族景颇族自治州、延安市、天水市、西宁市、乌鲁木齐市等 46 个城市和地区设立跨境电商综试区
第六批跨境电商综试区城市	2022 年 1 月，国务院同意在鄂尔多斯市、扬州市、镇江市、泰州市、金华市、舟山市、马鞍山市、宣城市、景德镇市、上饶市、淄博市、日照市、襄阳市、韶关市、汕尾市、河源市、阳江市、清远市、潮州市、揭阳市、云浮市、南充市、眉山市、红河哈尼族彝族自治州、宝鸡市、喀什地区、阿拉山口市等 27 个城市和地区设立跨境电商综试区

五、同步拓展

① 登录国务院、商务部、海关总署等部门的官方网站，查找近年来与跨境电商相关的政策，并认真研读原文。

② 利用互联网查找近年来与跨境电商有关的重要会议。

任务二 熟悉营销理论

一、任务描述

营销，指企业发现或发掘消费者需求，让消费者了解产品进而购买产品的过程。营销理论是关于企业如何发现、创造和交付价值以满足一定目标市场的需求，同时获取利润的理论模型。任务二主要讲解营销理论和我国网络营销的发展历程。

二、相关知识

（一）市场营销和网络营销的概念

1．市场营销

美国市场营销协会给"市场营销"下的定义是：市场营销是在创造、沟通、传播和交换产品中，为顾客、客户、合作伙伴以及整个社会带来价值的一系列活动、过程和体系。

被誉为"现代营销学之父"的菲利普·科特勒博士给"市场营销"下的定义是：市场营销是个人及集体通过创造产品和价值，并同别人自由交换产品和价值，以获得所需所欲之物的一种社会和管理过程。这个定义强调了营销的价值导向。

被誉为"服务营销理论之父"的克里斯琴·格罗路斯认为，市场营销就是在变化的市场环境中，旨在满足消费需要、实现企业目标的商务活动过程，包括市场调研、选择目标市场、产品开发、产品促销等一系列与市场有关的企业业务经营活动。这个定义强调了营销的目的。

2．网络营销

网络营销是一种以互联网为媒介和平台，以全新的方式、方法和理念实施市场营销活动，使交易参与者（企业、团体、组织和个人）之间的交易活动更有效地实现的新型市场营销方式。从信息发布、信息收集到开展以网上交易为主的电子商务阶段，网络营销贯穿企业开展网上经营的整个过程。

（二）营销理论

1．4P 营销理论

1960 年，美国密歇根州立大学的杰罗姆·麦卡锡教授在其《基础营销》一书中将"营销要素"概括为 4 类，即产品（Product）、价格（Price）、渠道（Place）、促销（Promotion）。4P 营销理论被归结为 4 个基本策略的组合。

产品（Product）。注重开发的功能，要求产品有独特的卖点，把产品的功能诉求放在第一位。产品包含核心产品、实体产品和延伸产品。广义的产品可以是有形的实体，也可以是无形的服务、技术、知识或智慧等。

价格（Price）。根据不同的市场定位，制定不同的价格策略，产品的定价依据是企业的品牌战略。价格中蕴含了产品品质、期限、真伪、质量、效用等各种与消费者直接相关的信息，价格不仅与产品本身相关联，也与品牌的附加内涵和价值相关联，还与市场的供求关系相关联，与所选择的购物场所的信誉相联系。

渠道（Place）。企业并不直接面对消费者，而是注重经销商的培育和销售网络的建立，企业与消费者的联系是通过分销商进行的。渠道是产品从生产方到消费者终端所经历的销售路径。

促销（Promotion）。促销是包括品牌宣传（广告）、公关、推广等一系列活动的营销行为。促销从另一方面来讲就是对产品的一种自我认同，以进一步引导消费者对产品产生认同感。

2. 4C营销理论

随着市场竞争日趋激烈，媒介传播速度越来越快，4P营销理论受到越来越多的挑战。1990年，美国学者罗伯特·劳特朋教授在其《4P退休 4C登场》专文中提出了与传统的4P营销理论相对应的4C营销理论。4C营销理论以顾客需求为导向，重新设定了市场营销组合的四个基本要素：顾客（Customer）、成本（Cost）、便利（Convenience）和沟通（Communication）。

顾客（Customer）。企业必须首先了解和研究顾客，根据顾客的需求提供产品。同时，企业提供的不仅是产品和服务，还提供由此产生的顾客价值（Customer Value）。

成本（Cost）。成本不仅包括企业的生产成本，还包括顾客的购买成本，同时也意味着产品定价的理想情况——既低于顾客的心理价格，也能够让企业实现盈利。此外，顾客的购买成本不仅包括顾客的货币支出，还包括其为此耗费的时间、体力和精力，以及承担的购买风险。

便利（Convenience）。为顾客提供最大的购物和使用便利。4C营销理论强调企业在制定分销策略时，要更多地考虑顾客的方便，而不是企业自己的方便；要通过优质的售前、售中和售后服务使顾客在购物的同时享受到便利。便利是顾客价值不可或缺的一部分。

沟通（Communication）。沟通取代了4P营销理论中的促销（Promotion）。4C营销理论认为，企业应通过与顾客进行积极有效的双向沟通，建立基于共同利益的新型企业/顾客关系。这不再是企业单向的促销和劝导顾客，而是在双方的沟通中找到能同时实现各自目标的途径。

3. 4R营销理论

以顾客战略为核心的4C营销理论在时代的发展之下，也显现了其局限性。4R营销理论是以关系营销为核心，注重企业和顾客关系的长期互动，重在建立顾客忠诚的一种理论，包含关联（Relevancy）、反应（Reaction）、关系（Relationship）和报酬（Reward）四个要素。它既从企业的利益出发，又兼顾顾客的需求，是一个更为实际、有效的营销理论。

关联（Relevancy）。企业与顾客是一个命运共同体。建立并发展与顾客之间的长期关系是企业经营的核心理念和重要的内容。

反应（Reaction）。在相互影响的市场中，经营者最难实现的问题不在于如何控制、制订和实施计划，而在于如何站在顾客的角度及时地倾听和从推测性商业模式转移为高度回应需求的商业模式。

关系（Relationship）。在企业与顾客的关系发生了本质性变化的市场环境中，抢占市场的关键已转变为与顾客建立长期且稳固的关系。与此相适应产生了5个转向：从一次性交易转向建立长期友好合作关系；从着眼于短期利益转向重视长期利益；从顾客被动适应企业单一销售转向顾客主动参与生产过程；从相互的利益冲突转向共同的和谐发展；从管理营销组合转向管理企业与顾客的互动关系。

报酬（Reward）。任何交易与合作关系的巩固和发展，都涉及经济利益问题。因此，一定的合理回报既是正确处理营销活动中各种矛盾的出发点，也是营销的落脚点。

小资料

其他主要市场营销理论

（三）我国网络营销的发展历程

我国网络营销起步比较晚，1997 年是我国网络营销的诞生年，我国网络营销的发展历程可以分为四个阶段，如表 1-6 所示。

表 1-6　我国网络营销的发展历程

1997 年之前	1997—2000 年	2001—2010 年	2011 年至今
混沌阶段	萌芽阶段	应用和发展阶段	社交移动化阶段
网络营销传奇 企业应用网络 网上零售开始	企业广泛应用网络 电商快速发展 电商平台出现	企业网站建设 搜索引擎营销 网络广告发展 网络介质涌现	Web2.0 营销 社会化媒体 移动营销崛起 社会关系资源 用户价值营销

第一个阶段：网络营销的混沌阶段（1997 年之前）。

1997 年之前，中国已经有了互联网，但彼时的互联网主要是为政府单位、科研机构所使用，还未用于商业。直到 1996 年，中国的企业才开始尝试着使用互联网。在这个阶段，网络营销的特点是：网络营销的概念和方法不明确，大多数企业对上网一无所知，能否产生效果主要取决于偶然因素。

第二个阶段：网络营销的萌芽阶段（1997—2000 年）。

随着互联网在企业中广泛使用，电商呈现快速发展的趋势，越来越多的企业开始注重网络营销。根据相关数据统计：1997 年 10 月底，我国上网人数为 62 万人，万维网站点数大约 1 500 个，截止 2000 年年底，国内上网人数已经达到 2 250 万人，万维网网站数量达到 265 405 个。

从 1997 年到 2000 年，国内发生了好几件具有标志性意义的网络营销事件：1997 年 2 月，比特网开通免费新闻邮件服务，同年 12 月，新闻邮件订户数接近 3 万；1997 年 3 月，在比特网上出现了第一个商业性网络广告（468 像素×60 像素的按钮广告）；1997 年 11 月，国内首家专业的网络杂志发行商"索易"开始提供第一份免费的网络杂志；1999 年，B2B 网站阿里巴巴、B2C 网站 8848 等网站成立。在这个阶段，越来越多的企业开始涉足互联网，电商也开始进入大众视野。而 2000 年上半年互联网泡沫的破灭，刺激了网络营销的应用和发展。

第三个阶段：网络营销的应用和发展阶段（2001—2010 年）。

网络营销服务市场初步形成，企业网站建设发展迅速，专业化程度越来越高；网络广告形式不断创新，应用不断发展；搜索引擎营销向更深层次发展，形成了基于自然检索的免费及付费搜索引擎推广方式等模式；论坛、博客、聊天工具、网络游戏等网络介质不断涌现和发展。

第四个阶段：网络营销的社交移动化阶段（2011 年至今）。

社交营销主导方向，移动网络营销占据主导地位，"互联网+"、O2O 电商不断冲击营销体系。进入 21 世纪第二个 10 年后，网络营销已经成为企业市场销售行为要求的必然结果之一，尤其是淘宝、天猫、京东等电商平台的影响巨大，吸引了大量企业和个人利用其开设自身产品专营店铺，让企业线上销售与线下销售的结合更加紧密，电商环境已经基本出现并迈向成熟。

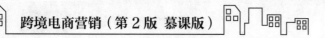

小资料

网络营销的三次革命

三、任务实施

步骤一：登录艾瑞网等信息资讯平台，了解营销前沿知识，收集网络营销常用工具及方法，完成表 1-7。

表 1-7　网络营销工具调研

项目	内容
网络营销前沿知识	
网络营销常用工具	
应用方法	

步骤二：调研同学和亲朋是否有人正在使用或打算使用小米公司的产品或者涉足其业务，并了解小米公司的主要产品和业务。

步骤三：利用互联网对小米公司进行调研，了解小米公司目前主要的网络营销手段有哪些，并利用营销理论对其网络营销的策略和战略模式进行分析，并撰写调研分析报告。

四、知识拓展

阅读材料：全网整合营销

全网整合营销是指将产品规划、产品开发、网站建设、网站运营、品牌推广、产品分销等一系列电子商务内容集于一体的新型营销模式。全网整合营销的优势在于：提升品牌形象、规范销售市场、增加整体销量、突破线下销售瓶颈、完善客服体系、梳理分销渠道。

全网整合营销包括信息内容、传播工具、传播要素资源三方面的整合。企业与消费者相接触的营销活动，无论是通过什么样的渠道进行的，都是企业在向消费者传播一定的信息。企业需要对这些信息内容进行整合，根据企业想要达到的传播目标，为消费者传播信息。为达到信息传播效果的最大化，降低企业的传播成本，企业有必要对各种传播工具进行整合。因此，企业要根据不同类型消费者接收信息的途径，衡量各个传播工具的传播成本和传播效果，找出最有效的传播组合。企业的一举一动、一言一行都是在向消费者传播信息，传播不仅是营销部门的任务，也是整个企业所要担负的责任。企业有必要对与传播有关联的资源（人力、物力、财力）进行整合，即进行企业内部资源的整合。

全网整合营销确保了效率，简化了所有业务流程和手续。在社会经济不断发展的背景下，产品和渠道的选择更加多样化，消费者的个性化需求不断产生，在选择和接收产品及企业信息的方式上，有了更加丰富的选择，再加上消费者本身会受到生活环境、受教育程度、消费方式等多重因素的影响，企业单一的营销方式已经不能跟上这一发展趋势。全网整合营销形成的庞大的网络营销体系是整个营销行业的突破和创新，也是当今企业进行营销活动的必然趋势。

五、同步拓展

① 举例说明全网整合营销的特点有哪些。

② 假如你是一家企业的营销策划经理，你如何在网上开展企业的全网整合营销活动？你认为哪些网络营销活动会比较吸引顾客？

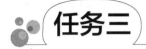

任务三 认识跨境电商营销

一、任务描述

目前，越来越多的企业开始从事跨境电商，企业也慢慢地认识到在保证产品质量的同时，营销也不可忽视，有效的营销手段能够把产品推到消费者眼前，在增加销量的同时也提高品牌知名度。任务三主要讲解跨境电商营销以及跨境电商营销的手段。

二、相关知识

（一）跨境电商营销的定义

目前，对于跨境电商营销没有一个准确和统一的定义，但是可以依据跨境电商和网络营销的定义进行理解。本书对跨境电商营销的定义为：跨境电商营销指的是在跨境电商交易过程中，以互联网为媒介和平台，以全新的方式、方法和理念实施营销活动，通过发现或发掘消费者需求，让消费者了解产品进而购买产品，使跨境电商交易活动更有效地实现的新型市场营销方式。

跨境电商营销根据流量来源不同可以分为站内推广和站外引流两种形式。站内推广主要是指以第三方平台为基准，使用该平台提供的营销工具实现营销的推广活动，主要有平台自主促销活动、付费广告等；站外引流是相对于站内推广的一个概念，主要是指通过第三方平台以外的其他渠道吸引流量，从而带动产品销售和品牌传播的引流活动。[1]

（二）跨境电商营销的手段

1．搜索引擎营销

搜索引擎是互联网内发展最迅速的领域之一。互联网就好像一个巨型的网络图书馆，这个网络图书馆里存储了并时时刻刻都在产生大量的信息。数以万计的信息远超出了我们的想象与掌控，如果没有搜索引擎的出现，我们可能根本无法找到想要的目标信息。

搜索引擎营销（Search Engine Marketing，SEM）常用的方式包括关键词竞价排名推广和搜索引擎优化等。跨境电商企业可以利用搜索引擎营销进行营销和活动推广，以最少的投入获得最大的来自搜索引擎的访问量，并产生商业价值。

2．社会化媒体营销

社会化网络服务（Social Network Service，SNS）平台如今被用户熟知并广泛应用，跨境

---

1 本书所介绍的跨境电商营销手段特指站外引流的形式。

电商企业开始通过社交网络与用户互动，并进行营销模式的创新。目前，境外消费者常用的社交平台有 Facebook、Twitter、Instagram、Pinterest、Vine、Tumblr 等。

3．电子邮件营销

电子邮件营销（Email Direct Marketing，EDM）是最早的网络营销手段之一。用电子邮件推广产品，跨境电商企业首先需要知道目标客户的邮箱地址并获得目标客户的许可，然后通过 EDM 软件向目标客户发送邮件，建立同目标客户的沟通渠道，向其直接发送促销广告、新品发布广告等相关信息。

4．视频营销

视频营销是指基于以视频网站为核心的网络平台，以内容为核心、创意为导向，利用精细策划的视频内容实现产品营销与品牌传播的目的。跨境电商企业进行视频营销的形式主要有网络视频、微电影、短视频、视频广告、宣传片等。

5．直播营销

直播营销是指在现场随着事件的发生、发展进程同时制作和播出节目的营销方式，该营销活动以直播平台为载体，有利于达到跨境电商企业获得品牌提升或销量增长的目的。它与传统媒体直播相比，具有不受媒体平台限制、参与门槛低、直播内容多样化等优势。

6．网红营销

网红营销是指企业通过与受欢迎的社交媒体或自媒体关键意见领袖（Key Opinion Leader，KOL）合作来向其粉丝推广产品和服务的营销策略，能更加直接迅捷地帮助企业触达大众流量。网红营销通常会吸引大量参与的受众，跨境电商企业可以利用这些受众建立信誉，进而推动销售。

小资料

跨境电商营销
小技巧

▌三、任务实施

步骤一：利用互联网查找一个跨境电商营销的成功案例，并进行汇报交流。

步骤二：调研 5 家跨境电商企业，了解这些企业采取了哪些跨境电商营销手段并进行营销效果分析，完成表 1-8。

表 1-8　跨境电商企业营销手段调研与分析

企业名称	跨境电商营销手段	营销效果分析

▌四、知识拓展

阅读材料：跨境电商经营模式现状——独立站模式与第三方平台模式

当前，我国跨境电商经营模式以依靠第三方平台（如亚马逊、eBay 等）为主，部分则以独立站模式经营。图 1-5 是 2021 年我国部分采用独立站模式或第三方平台模式的跨境电商品牌或企业。依靠第三方平台，跨境电商企业能够减小经营难度，但减少了可控环节。以独立站模式经营（见图 1-6）的跨境电商企业的经营链条更全面，如物流配送、私域流量经营等。

图 1-5　2021 年我国部分采用独立站模式或第三方平台模式的跨境电商品牌或企业

图 1-6　2021 年我国跨境电商企业独立站模式

独立站模式与第三方平台模式差异性分析如下。

1．平台风险

报道显示，自 2021 年 4 月以来，亚马逊对平台商家进行了一波严厉的监管"封号潮"。深圳市跨境电子商务协会统计，在 4 月和 5 月，亚马逊平台上被封店的深圳活跃卖家超过 5.2 万家，造成行业损失金额预估超千亿元人民币。而亚马逊方表示，封号的原因大多数是被平台审查出具有"不当使用评论功能""向消费者索取虚假评论""通过礼品卡操纵评论"等违规行为。

亚马逊"封号潮"反映出我国部分跨境电商企业对第三方平台具有较强的依赖性。一旦被封号，对部分跨境电商经营者而言就是毁灭性打击。从这次事件中也可以看出，采用第三方平台模式的跨境电商企业受到平台监管，具备一定程度的平台合规风险，而采用独立站模式则能很好地规避该风险。

2．产品特性

独立站与第三方平台经营的优势产品特性并不相同，独立站经营的优势产品具备差异性强、复购率较高、品牌优势明显等特征，具体如图 1-7 所示。不同的跨境电商企业应根据自身产品，选取合适的经营模式，才能获得自身发展的最大化。

第三方平台模式	独立站模式
信用要求 第三方跨境电商平台通常会对商家收取一定的保证金，以免商家对消费者进行欺骗行为，故有一定的信用优势	**差异性** 消费者对差异性产品的价格敏感度低，独立站易于针对不同特性的消费者推销不同的产品
复购率低 第三方平台面向公域流量，适合销售低购买频次产品、没有二次销售需求的产品	**复购率高** 独立站获取的流量易于转化为私域流量，企业可经营私域流量，促进消费者对品牌产生黏性，易于促进复购行为的发生
价格优势 相比于独立站模式，第三方平台面对更大的公域流量，具备价格优势的商家能够售出更多产品	**品牌优势** 独立站模式易于构建一体化的宣传体系，易于品牌形象的建立

图 1-7　独立站与第三方平台销售的优势产品特性对比

3．营销方式

独立站的营销方式主要有搜索引擎营销、社交化媒体营销、电子邮件营销等，独立站卖家通过以上途径将消费者引流至独立站下单，后续需要维护品牌形象，持续维护品牌所吸引的私域流量；而对于第三方平台卖家而言，主要的营销方式是以产品为核心，利用需求方平台（Demand-Side Platform，DSP）广告等营销方式，覆盖更广泛的受众来推动销售行为的发生，主要的营销对象是公域流量群体。

相对于第三方平台模式，独立站模式更能契合品牌建设，许多卖家着手建设独立站，在内容创意、整体视觉、产品包装等方面进行品牌升级。在产品同质化情况严重的当下，不同卖家需要找到差异化的市场突破口，从产品包装、视觉设计、品牌理念等多个维度进行升级。

我国跨境出口电商企业未来将以"数字化"趋势发展。随着公域流量获取成本的提高，私域流量对跨境出口电商企业的重要性提高。独立站模式能够有效获取单一用户识别信息，建立有效的用户数据中台，利于盘活私域流量，促进消费者再消费行为的发生。

五、同步拓展

① 与第三方平台运营相比，跨境电商企业经营独立站有哪些优势？
② 利用互联网查找跨境电商企业运营独立站的相关内容，并搜集跨境电商企业依托独立站品牌出境的成功案例。

项目总结●●●●●

本项目主要介绍了跨境电商的定义、特点和发展现状，主要的营销理论，以及跨境电商营销的定义和手段等内容。在跨境电商已成规模的情况下，引流成为关键。跨境电商营销是以消费者的需求与行为为导向的营销，能起到行为调查、信息传递、信息反馈、产品销售和品牌宣传的作用。因此，跨境电商企业要理性制定营销方案，才能在风云变幻的跨境电商市场中站稳脚跟。

跨境电商市场调研

项目情境引入 ↓

目前，东南亚是热门的跨境电商市场，是世界上增长快、潜力大的蓝海市场。近期，市场研究机构 eMarketer 发布报告称，东南亚和拉美市场分别是全球电商市场规模增速的冠军、亚军，是 2022 年仅有的 2 个电商销售额增幅超过 20%的市场。相比之下，全球电商销售额预计增长12.2%，东南亚和拉美将领跑全球电商销售额增长。

东南亚有 11 个国家，人口结构呈现年轻化趋势，有很大的消费潜力，这说明本地电商的发展空间很大。东南亚拥有超过 3.8 亿网民，有世界上较大的网民群体。此外，东南亚的互联网使用率很高，其网民一天平均网络用时为 7～10 小时，比中国、欧美国家都要多。另外，东南亚社会媒体的渗透率持续上升，流量红利大。尤其在费用方面，东南亚市场的广告投放费用只有欧美的三四成。

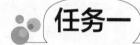

项目任务书如表 2-1 所示。

表 2-1　项目任务书

任务编号	分项任务	能力目标	知识目标	素质目标
任务一	跨境网络调研的内容	能进行跨境网络调研，并且明确跨境网络调研的内容	1. 熟悉跨境网络调研的含义 2. 了解跨境网络调研的特点 3. 了解跨境网络调研的重要性 4. 掌握跨境网络调研的主要内容	1.尊重客观事实，树立正确的舆论意识 2. 树立"事物的两面性、物极必反"的辩证价值观
任务二	跨境网络调研的方法和步骤	能运用跨境网络调研的方法、实施跨境网络调研的步骤	1. 熟悉跨境网络调研的方法 2. 掌握跨境网络调研的步骤	
任务三	分析目标市场电商应用程度	能调研和分析目标市场电商发展情况以及主要电商平台	熟悉美国、英国、印度、俄罗斯等国家的电商发展情况及主要电商平台	

任务一　跨境网络调研的内容

▌ 一、任务描述

跨境电商企业可以借助网络及其分析工具进行跨境电商市场调研，包括确定跨境网络调研的内容、选择合适的调研方法、设计跨境网络调研问卷、分析调研数据等。任务一主要介绍跨境网络调研的含义、跨境网络调研的特点、跨境网络调研的重要性和跨境网络调研的主要内容等知识。

▌ 二、相关知识

（一）跨境网络调研的含义

互联网的迅速发展和广泛应用使得市场调研行业以及市场调研的具体运作过程（如信息的搜寻、组织、利用等过程）发生了重大的结构性变革。在互联网技术迅猛发展的今天，各种有形的、无形的产品琳琅满目，消费者的需求复杂多变，在网络营销这种新型营销模式的基础上，网络调研显得尤为重要。

对于跨境网络调研，学界尚没有明确的定义，本书将其定义为：在跨境营销中，利用信息技术和互联网技术平台，有系统、有计划、有组织地收集、调查、记录、整理、分析与产品、劳务有关的市场数据信息，客观地测定、评价现在市场和潜在市场，获取竞争对手的资料，摸清目标市场的经验环境，为经营者细分市场、识别消费者需求和确定营销目标提供相对准确的决策依据。

（二）跨境网络调研的特点

无论传统的市场调研采用何种手段和方法，企业都需要投入大量的人力、物力、财力，但得到的结果往往不尽如人意。跨境网络调研是在传统调研的基础上，借助互联网技术而产生的，具有自己的特点。

1．及时性与共享性

跨境网络调研的及时性体现在两个方面。一是调研工作实施快，互联网的特点是信息传递速度快，调查人员利用互联网传递调查问卷或查找资料都很快捷。二是调研结果获取快，所有的工作都是在计算机上执行的，调查人员省去了录入时间，同时可利用计算机处理调研资料，这样企业便能在第一时间获取自己想要的调研结果。

同时，世界各地的任何企业机构或者个人都可以在网上发起或参与调研，调研结果也是公开的，这充分体现了网络调研的共享性，而企业或者个人也可以更加全面地了解当前市场环境。

2．便捷性与经济性

对于跨境电商市场调研来说，网络调研无疑是最便捷和经济的。不需要派出大量的调查人员，不需要印发大量的调查问卷，省去了很多交通费、人工费等，企业只需要在网上发放问卷，然后将问卷信息录入系统就可以了，整个过程方便快捷，是很多跨境电商企业首选的调研方式。

3．无时空和地域限制

互联网提供了一个全球化的市场，利用互联网进行调研可以 24 小时全天候开展，不会受到时间与空间的限制，也不会受到地域、天气等客观原因的影响。只要有一台联网的计算机，不管在哪里都可以随时随地开展调研。

4．可检验性和可控性

网络调研可以有效地对所采集的信息的质量实施系统的检验和控制。首先，网上调查问卷可以附加全面规范的指标解释，有利于消除对指标理解不清楚或调查人员解释不一致而造成的调查误差；其次，网上调查问卷的复核检验由计算机依据设定的检验条件和控制措施自动实施，可以有效地保证对调查问卷的复核检验；最后，使用身份验证技术可以有效地防止信息采集过程中的舞弊行为。

5．客观性与可靠性

网络调研较传统调研来说，客观性和可靠性更强，主要原因如下。一是被调查者都以在自愿的情况下参与调查的，且很多都以匿名的方式进行，被调查者能够说出自己的真实情况。二是在调研的过程中，被调查者不会受到调研人员的干扰和影响，自己独立完成调查问卷。三是被调查者一般都是有针对性的，是企业的用户或者潜在用户，所以结果比较可靠。

（三）跨境网络调研的重要性

跨境网络调研可以更加方便快捷地发现顾客需求动向，从而为企业细分市场及进行重要战略决策等提供依据，是企业开展跨境市场营销的重要内容，其重要性如下。

1．改进产品和服务质量，提高顾客满意度

当今，企业如果不重视产品和服务质量，不关注顾客满意度是很难取得成功的，甚至难以立足。因此，现代企业竞争的关键问题之一就是如何提高产品或服务质量和顾客满意度。目前，很多企业已经认识到这一点，开始实施改进产品或服务质量和顾客满意度的计划，但是企业对产品或服务质量的追求常常是以自身为导向的，没有真正站到顾客的立场上。通过跨境网络调研，企业可以确切地了解顾客对产品或服务的评价和建议，从而促使自己改进产品或者服务的质量，进而提高顾客的满意度。尤其是在跨境电商营销中，企业了解顾客评价和反馈往往更难，这时跨境网络调研对企业来说无疑是个不错的选择。

2．留住老顾客，吸引新顾客

跨境网络调研可以帮助企业提高顾客满意度，而顾客满意度与顾客忠诚度之间存在必然联系，这种联系不是自然产生的，它植根于企业传递的产品或服务的价值。留住老顾客，吸引新顾客可以给企业带来丰厚的回报，重复购买与顾客推荐可以提高企业的收入和市场份额，这样，企业的收益就会增加。同时，不断提高的顾客保留率也给企业员工带来了工作上的满足感和成就感，有利于提高员工的保留率。而企业留住老顾客，吸引新顾客的能力建立在企业对顾客需求详细了解的基础上，跨境网络调研正好是了解顾客需求的重要渠道之一。

3．为开拓新市场助力

通过跨境网络调研，企业可以发现顾客潜在的尚未满足的需求，依据现有产品及营销策略满足顾客需求的程度，不断开拓新的市场。网络营销环境的变化，往往会影响和改变顾客的消费动机及行为，给企业带来新的机会和挑战，企业可据此确定和调整发展方向。

（四）跨境网络调研的主要内容

跨境网络调研与传统网络调研虽然在调研手段上面存在较大的差异，但是二者在调研内容上基本一致。

1．对消费者的调研

（1）现存的市场规模。

市场规模一般被定义为某一产品种类的总销售额，企业通常通过收集二手信息对市场规模进行估计。例如一些行业协会在网上公布的资料，或者一些调查公司网站（如尼尔森等）公布的数据等，都可以作为调查市场规模的数据源。需要指出的是，由于调研机构对行业的定义有所不同，可能会对某一行业的规模做出不同的估计，因此调查人员需要了解所利用的信息源是如何定义所要调查的行业的。

（2）潜在的市场规模。

一个产品的潜在市场是指所有的潜在消费者购买了他们需要的产品的总销售额。估计潜在的市场规模的步骤：第一步是计算潜在消费者的总数，即可能使用产品的人员、家庭或单位的数量，政府机构的统计数据是一个比较好的数据源；第二步是估计可能的接受率，即将要购买产品的潜在消费者的百分比，这时需要考虑他们对产品的兴趣及购买能力等因素，可通过一定样本的网络调查获取相关信息；第三步是估计潜在消费者平均每次将在市场花费多少钱，这个数字可根据已有市场销售情况估计，还可根据消费者购买行为的调查结果估计。

（3）消费者的背景特征。

在消费品市场中，需要对消费者的人口统计特征信息进行了解，如年龄、性别、收入、婚姻状况、家庭大小和受教育程度等。用户在网站上进行注册时，基本上都会被要求提供这方面的信息。此外，还需要了解关于购买行为特征的信息，以及影响购买行为的态度、口味和偏好的心理特征信息。这一类信息可通过网络问卷调查获取，或者通过企业网站运用相应的跟踪软件和商务智能软件搜集消费者网上行为的信息，在此基础上挖掘分析得出消费者的行为特征和心理特征。

（4）消费者为什么及如何使用产品和服务。

关于消费者的购买动机和消费模式的信息，常采用调查法获取。在调查中，人们对自身使用产品的频率、在什么情况下使用、出于什么目的使用等相关问题进行回答。此外，在线专题小组访谈也可用来了解人们的消费情况。这种形式可以让消费者自由地讨论产品对他们的意义、他们如何使用这些产品，以及他们所遇到的问题。

（5）消费者品牌忠诚度。

品牌忠诚度是指消费者购买同一品牌而不是同类产品的其他品牌的程度。在具有高品牌忠诚度的市场中，特殊交易或者促销不会轻易把消费者从其他品牌吸引过来；品牌忠诚度低的市场，则为厂家提供了迅速变换产品的可能性。如果建立了固定样本并进行了持续跟踪（如消费者网上购买历史），那么，固定样本数据可用来分析消费者的品牌忠诚度。

2．对产品及竞争对手的调研

（1）对产品的调研。

产品的质量关系到顾客的购买和满意度，并对企业的知名度和信誉产生直接的影响。传统的市场调查大多局限于对同类型产品信息的搜集，以及对顾客使用产品后的满意度的调查。随着现代营销观念的转变，顾客也可参与到企业的设计、生产过程中来。因此，对产品的网络调研充分突出"顾客参与"的宗旨。对产品的调研包括以下几个方面。

① 新产品宣传和新产品概念测试。通过企业网站，对新产品的推出进行宣传，并通过网上问卷调查，分析产品的优缺点与市场份额；还可以让顾客对新产品的概念方案提出意见和建议，参与产品在线设计，对产品的外观、性能等提出自己的要求。例如，汽车厂商将汽车的最新款式通过网络展示，并调查顾客对性能、颜色方面的要求，从而决定生产、销售以及开发的策略。

② 产品的试用情况调查。在产品决策正式实施前，先生产一小批产品投放到市场上进行销售试验，测试实施某产品决策的效果，这种方法称为贝塔测试法。目前，软件、网络游戏等网络产品倾向于采用网上贝塔测试法。软件公司和游戏公司在站点上发布所开发的软件与游戏产品测试版，供用户下载使用，然后收集反馈意见，进一步改进产品性能，形成最终版本产品，正式推向市场。

③ 产品满意度调查。产品满意度是指顾客通过使用一个品牌的产品，对这个品牌的产品感知和期望之间的比值。产品满意度是一个非常有效的度量和认识顾客对企业的认同、对产品或服务的满意程度，以及再次购买倾向的指标。网络调研通常采用问卷的方式，通过测量顾客对产品或服务的期望、质量认知、价值认知和满意程度，以及决定满意度的相关变量和最终形成的忠诚度等方面，从多个角度对产品或服务进行整体评价。

（2）对竞争对手的调研。

在市场竞争中，竞争对手的信息对企业具有极高的价值。由于与竞争对手之间的特殊关系，企业对竞争对手的网络调研往往采用一些间接的渠道和方式。对竞争对手的调研包括以下几个方面。

① 竞争对手的基本情况。可浏览竞争对手的站点，收集相关资料，进行分析研究。还可参加针对性较强的网络论坛和网上新闻组讨论，从第三方获取有关竞争对手的间接信息。

② 企业以及竞争对手所拥有的市场份额。企业自身的市场份额可以通过将销售量与估计的整个市场规模相除得到。竞争对手市场份额的估计有以下方法。一是行业的综合研究报告，有的是从专业调查公司获得，有的是从行业协会或者跟踪市场的投资分析人员获得。二是企业开展网络调查，询问被访谈者购买品牌的情况，估计不同品牌的市场份额，但这种调

查容易出现较大误差。

③ 竞争对手的资源和战略。有关竞争对手的财务状况、关键人事变动、工厂生产能力或其他资源的变动、处于考虑之中的新产品、目标市场和营销战略的信息都是非常有价值的，可从以下方面获取：企业的财务信息可从年度报告获得，现在一些企业特别是网络企业已开始在自己网站上发布季度和年度的财务报告；人事变动、新产品等信息在行业出版物或行业网站中能够获得；目标市场和营销战略通常可以从竞争对手的营销活动，如广告内容、广告投放等方面进行推测。需要指出的是，获取竞争对手的信息要遵守法律规定和道德规范。

3．对营运情况的调研

（1）广告投放效果。

企业投放的广告的效果可从以下几个方面度量：①人们对广告的知晓程度；②广告让多少人知道了品牌；③广告改变人们的品牌印象的程度；④广告对销售的贡献程度。广告效果的调研可委托专业的广告公司来完成。近年来出现并兴起的广告公司能够有效监测网络广告点击率、转化率，并通过用户网上的搜索和购买行为制定更有针对性的定向广告。

（2）促销效果。

在网络营销中的促销有特价折扣区、电子优惠券/赠券等多种方式。企业可以观测促销时段内网站的流量和商品购买情况，并和促销之前的数据进行对比；还可以跟踪和分析电子优惠券/赠券的使用情况，以进一步分析此类促销手段对消费者购买行为的影响程度。

（3）定价策略效果。

对于跨境电商企业来说，在网络环境下，商品的价格信息变得透明，企业可以利用网络调研的手段了解竞争对手的同类商品的价格情况。同时，企业可通过网络等手段调查消费者需求，分析判断消费者群体类型、需求层次及支付意愿，从而制定相应的价格。

4．对市场客观环境的调研

跨境电商企业在市场调研中，还需收集市场客观环境方面的信息，主要涉及不同国家（地区）在法律、经济及行政管理方面制定的相关方针政策和法律法规，其中要特别注重对导向性政策信息的搜集研究和利用。另外，还需要了解地方政府及有关管理部门颁布的一些市场管理条例。对于此类信息的调研，可利用搜索引擎搜索政府及商贸组织等机构的站点，然后进行登录查询，方便快捷。

▌三、任务实施

XM公司是境内一家多年从事贸易，以及零售批发业务的跨境电商企业，主要经营数码电子类、美容类、宠物类、灯具类、安防类、摄影器材类、家居类、服装鞋帽类等与百姓生活息息相关的15类产品，产品远销德国、法国、英国、意大利、西班牙、美国、加拿大等欧美市场。经过几年的发展，公司已经在德国、法国、英国、西班牙拥有上万平方米的仓库，成功建立起以境内物流为中心的全球性物流一体化营运管理体系。公司想了解目前经营的各大品类在国际市场的有关情况，请帮助其完成跨境网络调研过程中的相关任务。5～6人组成一个团队，每个团队负责XM公司经营的一大类产品，确定其跨境网络调研的内容，并完成表2-2。

表2-2 跨境网络调研内容

产品品类			
目标市场			
调研内容	对消费者的调研	现存的市场规模	
		潜在的市场规模	
		消费者的背景特征	
		消费者为什么及如何使用产品和服务	
		消费者品牌忠诚度	
	对产品及竞争对手的调研	对产品的调研	
		对竞争对手的调研	
	对营运情况的调研	广告投放效果	
		促销效果	
		定价策略效果	
	对市场客观环境的调研		

四、知识拓展

阅读材料：全球电子商务市场概况

全球电子商务市场中，亚马逊和 eBay 位居榜首，2022 年全球电子商务平台排名如图 2-1 所示。亚马逊月访问量超过 55 亿次，eBay 每月吸引近 30 亿访问者，Shopee 紧随其后。专注于拉美市场的 Mercado Libre 排名第 7，目前该平台也是拉美市场的主要电商平台。

#	Type	Name	Region/Country	Product Category	Visits/month
1		Amazon	Global	General	5.69B
2		eBay	Global	General	2.98B
3		Shopee	Southeast Asia	General	631.19M
4		Rakuten	Global	General	590.84M
5		AliExpress	Global	General	526.4M
6		Walmart	North America	General	514.03M
7		Mercado Libre	Latin America	General	446.97M
8		Etsy	Global	Arts, Crafts & Gifts	397.5M
9		Taobao	China	General	333.14M
10		Wildberries	Russia	General	279.8M

图 2-1 2022 年全球电子商务平台排名

从产品类别来看，排名前 20 位的平台大多数销售常规性综合品类，只有 Etsy 和 Zalando 这两大平台专注于提供某些特定品类。预计到 2025 年，全球线上购物市场规模可能超过 7 万亿美元，占全球消费总支出的 23.6%。

在排名前 20 位的平台中，将自身定位为零售商角色的企业和将自身定位为平台方角色的企业的比例为 2:3。这些企业拓展了自身的市场，为消费者提供了更多的产品选择，并创造了价格竞争。

在地理区域方面，榜单前 20 名表现了多样化的国家/地区组合，其大多是全球品牌，来自拉美、中国、北美、东南亚、印度和欧洲等不同国家和地区。

▌五、同步拓展

① 全球电子商务市场现状是什么？
② 全球电子商务市场未来的发展趋势是什么？

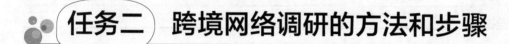

任务二　跨境网络调研的方法和步骤

▌一、任务描述

跨境电商企业在进行跨境网络调研之后，需要制定详细的跨境网络调研方案，包括确定调研的问题和目标、制订调研计划、收集信息、分析信息以及撰写报告等。任务二主要介绍跨境网络调研的方法和步骤等知识。

▌二、相关知识

（一）跨境网络调研的方法

1．直接调研的方法

跨境网络市场直接调研指的是为实现当前特定的目的而在全球互联网上收集一手资料或原始信息的过程。直接调研的方法有四种：观察法、专题讨论法、在线问卷法和实验法。使用较多的是专题讨论法和在线问卷法。

调研过程中具体采用哪一种方法，要根据实际调查的目的和需要决定。需注意的是，应遵循网络规范和礼仪。下面重点介绍两种方法。

（1）专题讨论法。

专题讨论法可通过网上新闻组、网络论坛或邮件列表讨论组进行。其步骤如下。

① 确定要调查的目标市场。

② 识别目标市场中需要进行调查的讨论组。

③ 确定可以讨论或准备讨论的具体话题。

④ 登录相应的讨论组，通过过滤系统发现有用的信息或创建新的话题，让大家讨论，从而获得有用的信息。

具体地说，目标市场的确定可根据网上新闻组、网络论坛或邮件列表讨论组的分层话题选择，也可向讨论组的参与者查询其他相关名录。确定时还应注意查阅讨论组上的常见问题，以便确定能否根据名录进行市场调查。

（2）在线问卷法。

在线问卷法即请求浏览其网站的每个人参与企业的各种调查。在线问卷法可以委托专业公司进行。其具体做法如下。

① 向相关的讨论组寄去简略的问卷。

② 在自己的网站上放置简略的问卷。

③ 向讨论组送去相关信息，并把链接指向放在自己网站上的问卷。

值得注意的是，在线问卷不宜过于复杂、详细，否则会使被调查者产生厌烦情绪，从而影响调查问卷所收集数据的质量。为了最大限度提高答卷率，可采取一定的激励措施，如提供免费礼品、抽奖送礼等。

2．间接调研的方法

跨境网络市场间接调研指的是从网上收集二手资料。二手资料的来源有很多，如政府出版物、公共图书馆、大学图书馆、贸易协会、市场调查公司、广告代理公司和媒体、专业团体、企业情报室等。其中，许多单位和机构都已在互联网上建立了自己的网站，相关人员可通过访问其网站获得相关信息。此外，现在还有众多综合型 ICP（互联网内容提供者）、专业型 ICP 以及成千上万个搜索引擎网站，利用互联网收集二手资料变得非常方便。

要通过互联网找到自己需要的信息，首先，必须熟悉搜索引擎的使用；其次，要掌握专题型网络信息资源的分布。在网上查找资料主要有三种方法：利用搜索引擎；访问相关的网站，如各种专题性或综合性网站；利用相关的网上数据库。

（1）利用搜索引擎查找资料。

搜索引擎使用自动索引软件发现、收集并标引网页，建立数据库，以 Web 形式给用户提供一个检索界面，供用户以关键词、词组或短语等检索项查询与提问匹配的记录，成为常用的应用。常用的工具有 Infoseek、LYCOS、Open Text、Web Grawler、Excite、HotBot 等。

① Excite。

Excite 是一个功能全面的搜索引擎，自 1995 年开始服务于网民。它为特定地区提供高效率的专门服务，是广泛使用的搜索引擎。Excite 提供简单检索、高级检索、专题检索和分类目录浏览检索。Excite 的分类目录浏览检索有 18 个大类，与市场营销密切相关的有商业、投资、汽车、计算机等。使用 Excite 可以对黄页、人物、地图、电子邮件、股市行情等进行检索。

② HotBot。

HotBot 一直处于全球十大优秀搜索引擎之列，于 1996 年开始提供网上服务。在 HotBot 的主页上集中了关键词检索和分类目录查询两大内容。在 HotBot 的分类浏览目录中，有多个大类与市场营销相关，如商业汽车、房地产、旅游等。

（2）访问相关的网站查找资料。

如果知道某一专题的信息主要集中在哪些网站，可直接访问这些网站，获取所需的资料。以下提供若干个相关的网站。

① 环球资源。

环球资源之前叫"亚洲资源"，于 1971 年在香港以创办专业贸易杂志起步，于 1995 年创立亚洲资源网站，于 2000 年 4 月在美国纳斯达克上市。环球资源是 B2B 服务提供商，为买卖双方提供增值服务。它提供的服务和产品是基于买家的需求而设立的。其强大的搜索引擎分为三大类：产品搜索、供应商搜索和全球搜索。

② 阿里巴巴。

阿里巴巴是中国互联网商业企业的先驱，它是于 1999 年 3 月创立的全球著名 B2B 系列网站，包括国际站、国内站、全球华商站和韩国站，为全球中小企业提供海量的商业机会、企业资讯和产品信息，建立起国际营销网络。阿里巴巴提供的商业市场信息检索服务分为三个方面：商业机会、公司库和样品库。注册会员还可选择订阅"商情特快"获取各类免费信息。

（3）利用相关的网上数据库查找资料。

网上数据库有付费和免费两种。在境外，市场调查用的数据库一般都是付费的。我国的数据库业近十年有较大的发展，近几年也出现了几个 Web 版，但它们都是文献信息型数据库。目前国际上影响较大的主要商情数据库检索系统有 DIALOG 系统、ORBIT 系统、STN 系统等。

DJN/RS 即道琼斯新闻/检索服务系统，是美国应用最广泛的大众信息服务系统之一，由道琼斯公司开发，于 1974 年开始提供联机服务。DJN/RS 系统提供的信息服务范围十分广泛，侧重于商业和金融财经信息。

（二）跨境网络调研的步骤

跨境网络调研要遵循一定的方法和步骤，以保证调研过程的质量，一般包括以下五个步骤。

1．确定调研的问题与目的

确定调研的问题与目的是跨境网络调研的起点，是进行新产品开发、上市，还是了解消费者的满意度，分析消费者的消费特征，或者调查企业的知名度等。企业首先需要明确这次调研的主要问题是什么，调研内容应侧重在哪个方面，是关于消费者、竞争者、自身运营，还是市场环境。

调研的目的是获得三种类型的信息：①描述性信息（如消费者目前在哪里购买同类产品）；②诊断性信息（如消费者为什么在这些地方购买）；③预测性信息（如有多少消费者会到我们这里购买）。企业需要明确此次调研想要得到的是哪种类型的信息。

2．制订调研计划

跨境网络调研的第二步是制订有效的调研计划，包括确定资料来源、调研方法、调研手段、抽样方案和联系方法五项内容。

（1）确定资料来源。

跨境网络调研首先须确定是收集一手资料（原始资料）还是二手资料或者两者都要。在互联网上，利用搜索引擎、网上营销和网络市场调研网站可以方便地获取各种一手资料和二手资料。

（2）确定调研方法。

跨境网络调研可以使用的方法有专题讨论法、在线问卷法和实验法。专题讨论法可以借助网络新闻组、邮件列表讨论组和网络论坛等形式进行；在线问卷法可以使用 E-mail 分送、在网站上刊登等多种形式；实验法是指选择多个可比的主题作为不同的实验方案，通过控制外部变量，检查所观察到的差异是否具有统计意义上的显著性。

（3）确定调研手段。

　　跨境网络调研可以采取在线问卷和软件系统两种方式进行。在线问卷制作简单，分发迅速，回收也方便，但须遵循一定的原则。软件系统有两种：一种是采用交互式计算机辅助电话访谈系统，另一种是采用网络调研软件系统。前者利用一种软件程序在计算机辅助电话访谈系统上设计问卷并在网上传输，服务器直接关联数据库，收集到的被访者答案被直接存储；后者是专门为网络调研设计的问卷链接及传输软件，包括整体问卷设计、网络服务器、数据库和数据传输程序。网络调研软件系统较典型的用法是：问卷由简易的可视问卷编辑器生成，自动传送到互联网服务器上，然后使用者通过网站可随时在屏幕上对答并进行统计。

　　（4）确定抽样方案。

　　确定抽样方案包括确定抽样单位、样本规模和抽样程序。抽样单位是抽样的目标总体；样本规模涉及调查结果的可靠性，样本需足够多且必须包括目标总体范围内所发现的各种类型样本；在抽样程序选择上，为了得到有代表性的样本，应采用概率抽样方法，这样可以计算出抽样误差的置信度，当概率抽样的成本过高或时间过长时，可以用非概率抽样方法替代。

　　（5）确定联系方法。

　　确定联系方法是指确定以何种方法接触调研的主体。跨境网络调研采取网上交流的形式，如 E-mail 传输问卷、开展网络论坛等。

3．收集信息

　　互联网没有时空限制，利用互联网进行市场调研，不管是收集一手资料还是二手资料，可以同时在全球进行。收集信息的方法也很简单，直接在网上递交或下载即可。这与传统市场调研的资料收集方式有很大的区别。例如某公司要了解各国和地区对某一国际品牌的看法，只需在一些著名的全球性广告站点发布广告，把链接指向公司的调查表即可，而无须在各国和地区找不同的代理商分别实施。

4．分析信息

　　收集信息后要做的是分析信息，这一步非常关键。调研人员如何从数据中提炼出与调查目的相关的信息，直接影响最终的结果。调研人员要使用一些数据分析技术，如交叉列表分析技术、概括技术、综合指标分析技术和动态分析技术等。目前，国际上较为通用的分析软件有 SPSS、SAS 等。网上信息的一大特征是即时呈现，而且很多竞争者还可能从一些知名的商业网站上看到同样的信息，因此信息分析能力相当重要，具有较强的信息分析能力有助于在动态的变化中捕捉到商机。

5．撰写报告

　　调研报告的撰写是整个调研活动的最后一个阶段。报告不是数据和资料的简单堆砌，调研人员不能把大量的数字和复杂的统计技术直接交给管理人员，否则就失去了调研的价值。正确的做法是把与市场营销关键决策有关的主要调查结果以调查报告所应具备的正规结构撰写出来。

▌三、任务实施

　　在确定了 XM 公司跨境网络调研的内容之后，团队就要为公司制作一份跨境网络调研方案，请按以下步骤完成任务。

步骤一：确定调研的问题与目的。每个团队分析、讨论明确本次调研的目的是什么、调研的主要内容是什么、调研内容应该侧重在哪些方面。

步骤二：制订调研计划。确定调研所需要的资料来源、类型和数量，选择调研方法和调研手段。

步骤三：收集信息。利用搜索引擎、商业数据库、调查网站等收集想要的调研信息。

步骤四：分析信息。调研人员如何从数据中提炼出与调研目的相关的信息，直接影响最终的结果。目前国际上较为通用的分析软件有 SPSS、SAS 等。

步骤五：撰写报告。将此次调研成果写成调研报告，小组汇报交流。

▌四、知识拓展

阅读材料：跨境电商企业如何通过网络做目标市场调研

跨境电商企业为了了解市场信息，可以在条件许可时派人直接前往目标地市场进行考察，掌握当地市场（如东南亚消费市场）的供给和需求情况。跨境电商企业也可以通过举办交易会、展览会、技术交流会和学术讨论会等，倾听客户网络购物的需求，更好地完成跨境经营。

由于条件的限制，大部分跨境电商企业无法做到直接前往目的地考察市场。这时，跨境电商企业可借助网络及分析工具进行调研，从而全面掌握销售市场的发展情况。可利用的搜索引擎主要分为三种，分别是全文搜索引擎（Google、Alta Vista、INKOM、TEOMA、Wisent 和百度等）、目录索引类引擎（雅虎、Look Smart、About、新浪和网易等），以及利用网络分析工具进行的元搜索引擎。

1．Google 搜索引擎

Google 是全球最大的搜索引擎，跨境电商市场开发人员可以充分利用这一工具进行数据分析。现以全棉色织面料产品目标市场调研为例，因全棉色织面料可制作衬衫等产品，若以"衬衫"作为关键词在 Google 进行搜索，会发现很多在 Google 上进行推广的生产衬衫的公司，而这些公司就是待开发的潜在客户。网站上这些生产衬衫的公司出于推广的需要，往往附有详细的联系方式，沟通非常方便。建立联系后，可进一步了解其对全棉色织面料产品的质量、交期和结算方式等要求。这种方式可使市场开发人员在足不出户的情况下，也可以获得目标地市场对产品的需求状况，沟通能力较强的市场开发人员甚至可以轻松获得订单。

2．网络分析工具

跨境电商企业可以借助网络分析工具开展有针对性的数据搜索与分析：①利用 Google Trends 工具可分析品类的周期性特点，把握产品开发先机；②借助 Keyword Spy 工具可发现品类搜索热度和品类关键词；③借助 Alexa 可选择某品类中以该市场作为主要目标市场的竞争对手网站，作为对目标市场产品品类分析和选择的参考；④借助 Terapeak 工具可全面分析 eBay 和亚马逊平台账号。此外，市场开发人员还可以访问竞争者的网站，认真了解竞争者的网站风格、内容和主要特色，并通过专业分析工具挖掘有用的商业信息。

需要注意的是，跨境电商企业在利用搜索引擎前，必须做好搜索前的定位工作，限定搜索范围。例如，事先应确定需要分析的目标客户所属的国家与地区，锁定商品潜在客户的类型，从而确定恰当的关键词。企业可以采用多种不同的搜索引擎对比搜索结果，以免客户信息流失。每个搜索网站每天都会收录其他网站更新的信息,多个搜索引擎并用可以发现新的商机。

▌五、同步拓展

① 常用的跨境网络调研工具有哪些?
② 未来全球互联网的发展趋势将会是什么样的?

任务三　分析目标市场电商应用程度

▌一、任务描述

信息化时代下,目标市场电商的应用程度既是研究热点,也是跨境电商企业关注的焦点。任务三主要介绍美国、英国、印度、俄罗斯等国家的电商市场的发展状况和主要电商平台等相关信息,为开展跨境电商出口业务打下坚实的基础。

▌二、相关知识

(一)美国电商市场

1.电商发展情况

美国是全球电商发展最早的国家,其电商应用领域和规模领先于其他国家。据报道,截至 2017 年,互联网对美国所创造的价值接近于美国汽车工业经过 100 年发展所创造的价值。作为电商运动的倡导者和推动者,美国的电商还在不断地创新和扩大规模,影响全球电商市场。美国是全球拥有大型电商平台最多的国家,同时其用户活跃度也是全球最高的。

美国电商市场是中国跨境电商企业最大的市场。据统计,其市场份额占比超过五成。因此,美国电商市场代表中国跨境电商行业的基本盘。美国电商市场的任何风吹草动都会成为中国跨境电商企业关注的发展风向标。根据 eMarketer 发布的《2022 年美国电子商务预测》报告,尽管面临供应链危机、运营成本增加、通货膨胀等诸多挑战,美国电商仍呈增长态势,报告估计在随后几年,美国电商将处于相对稳定的增长局面。与此同时,美国电商渗透率将继续保持缓慢上升。

2.主要电商平台简介

近年来,美国电商平台也正在发生一些微妙的变化。一个最明显的特征是传统电商平台的影响力在下降,如 eBay 平台的市场份额继续下降,从 2021 年的 4.1%下降至 2022 年的 3.5%,市场份额占比排名也下降至第四位。

(1)传统电商平台。

亚马逊美国站(见图 2-2)依然强势。据 eMarketer 预测,亚马逊将继续主导美国电商市场,亚马逊也将继续扮演中国跨境电商行业的中坚力量。尽管亚马逊在美国的电商销售额有所下降,商品交易总值(GMV)将创下历史新低,但其市场份额仍是最高的。亚马逊还有一个拥有 2 亿多 Prime 会员的消费群体。根据市场研究公司 Consumer Intelligence Research Partners（CIRP）的数据，亚马逊 Prime 折扣俱乐部的会员往往比非 Prime 会员花费更多，订购更频繁。

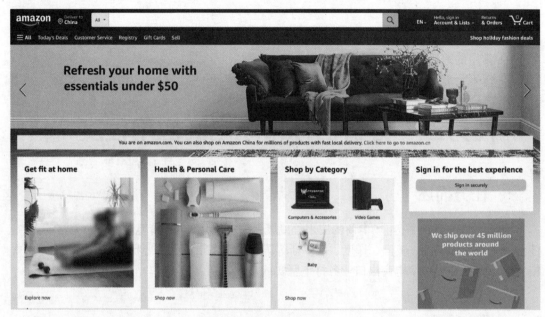

图 2-2　亚马逊美国站首页

2022 年，eBay 美国站（见图 2-3）市场份额占比排名第四，占据美国电商市场 3.5%的市场份额。eBay 核心产品包括汽车、零部件和配件、电子产品、收藏品、家居和花园以及时尚。

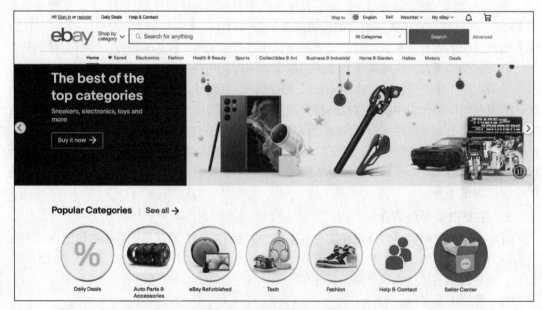

图 2-3　eBay 美国站首页

（2）实体零售电商。

在传统电商平台开始式微的同时，一大批有实力的实体零售电商开始发力，纷纷进入头部阵营，成为美国电商行业的新生力量，如沃尔玛、Target、Best Buy、COSTCO、Kroger、Macy's、Lowe's 等。

沃尔玛（见图 2-4）是其中表现突出的代表。沃尔玛利用两个关键优势推动其电商业务：在美国共有约 4 700 家店铺，在杂货业务中占据主导地位。90% 的美国人住在沃尔玛商店 10 英里（1 英里≈1.61 千米）以内。沃尔玛希望增加商品种类，改善客户体验，增加配送路线密度，从而将电商转变为更大的业务。

图 2-4　沃尔玛首页

（3）独立站。

Warby Parker、Stitch Fix、FIGS 和 Allbirds 是众所周知的美国互联网科创品牌，也是跨境电商企业学习模仿的对象。它们开创了一种全新的 DTC 零售形式，即通过互联网"直接面向消费者"，而不是通过实体门店销售。凭借低管理费用、无中间商和庞大的客户群优势，这些公司的估值迅速上升。但 DTC 独立站公司目前不得不面对严酷的现实问题：流量枯竭和流量成本过高。从数字广告媒体来看，Google、Facebook 等广告体系已运转 10 多年了，红利越来越少。另外，隐私新政的实施导致第三方 Cookie 失效，引发数字广告行业大地震，这必然会让其广告效果出现更明显的下降，即成本更高、投资回报率（ROI）更低。

小资料

从 Shopify 流量榜看三个美国独立站品类选择

（二）英国电商市场

1．电商发展情况

英国电商市场富有活力，根据 PostNord 研究，英国消费者的线上年均消费比许多欧洲国家都要多，时尚品类是常年热销类别，其他关键性电商品类包括电子产品、家具和电器。预计到 2025 年，英国电商市场规模达 2013 亿美元，用户数量预计达到 5 840 万个，用户渗透率预计达到 84.2%。

2．主要电商平台简介

数据显示，在英国最大的电商平台仍然是亚马逊英国站，其 2021 年的净销售额为 124.139 亿英镑，净销售额同比增长 5%。第二大电商平台则是英国本土电商平台 TESCO（见图 2-5），2021 年净销售额为 55.639 亿英镑，与 2020 年相比，其在英国的净销售额下降了 6%。

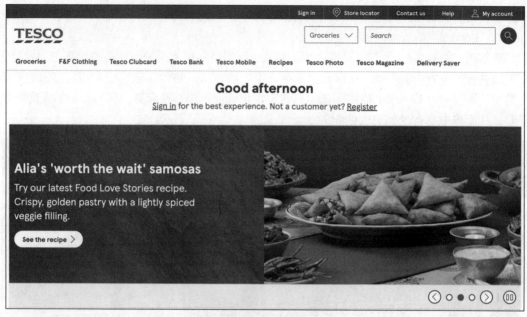

图 2-5　TESCO 首页

　　第三大电商平台是英国本土电商平台 Sainsbury's（见图 2-6），2020 年至 2021 年，该平台的净销售额增长了 17%，2021 年总销售额达 54.918 亿英镑。Argos 则排名第四，其 2021 年的净销售额为 37.75 亿英镑。前十大电商平台中，英国本土电商平台 Next 发展最为强劲，2021 年至 2022 年在英国的净销售额增长了 28%。

图 2-6　Sainsbury's 首页

（三）印度电商市场

1．电商发展情况

　　印度电商市场是全球增长速度最快的电商市场之一，印度庞大的人口数也意味着巨量的电商潜在需求。此外，印度人口结构高度年轻化，有 37% 的人口年龄在 20 岁以下，他们生于数字时代，也对电商拥有更高接受度，印度跨境电商市场极具吸引力，已被世界各国及企业巨头所重视。预计到 2027 年，印度电商市场的规模将达到 1 500～1 700 亿美元，电商渗透率将从 2021 年的 4.5%上涨至 9%～10%。

2．主要电商平台简介

（1）Flipkart。

Flipkart（见图 2-7）是印度的第一批电商企业，成立于 2007 年，虽然在新加坡注册，但总部在班加罗尔。自成立以来，Flipkart 已经收购了许多小型电商公司，成为印度值得信赖的电商平台，拥有庞大的客户群体。

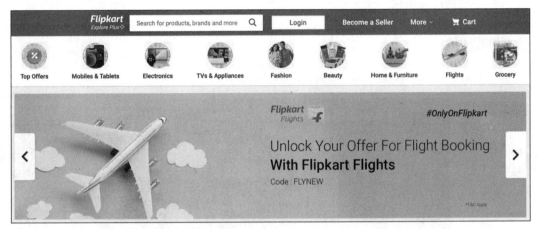

图 2-7　Flipkart 网站主页

（2）亚马逊印度。

亚马逊于 2012 年进入印度市场，此后一直在与其他公司进行激烈的竞争。亚马逊凭借优质的客户服务，在印度电商行业创下增长纪录。

（3）snapdeal。

snapdeal（见图 2-8）成立于 2010 年，总部位于印度新德里。自成立以来，snapdeal 收购了许多公司，成为印度最大的电商企业之一，拥有较多客户。

图 2-8　snapdeal 网站主页

（4）Paytm。

Paytm 是 Pay Through Mobile（移动支付）的简称，是一家集电子支付和电商于一体的公司，成立于 2010 年，总部位于诺伊达。Paytm 一开始提供在线充值服务，后来添加了账单支付和网上购物服务，还推出了一个独立平台——Paytm Mall，以满足消费者的日常购物需求。

（5）eBay 印度。

eBay 于 2004 年进入印度，有 B2B 和 B2C 模式，后来被竞争对手 Flipkart 收购。

（6）SHOPCLUES。

SHOPCLUES（见图 2-9）成立于 2011 年，总部位于古尔冈，是印度领先的电子商务公司，主要经营时尚服装和配饰。

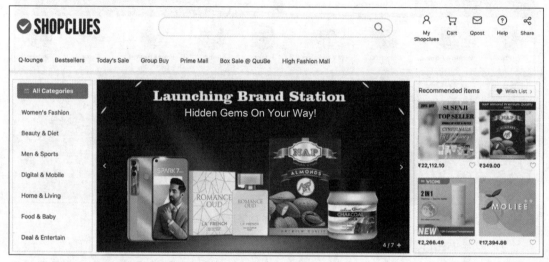

图 2-9 SHOPCLUES 网站主页

（四）俄罗斯电商市场

1. 电商发展情况

2021 年，俄罗斯电商市场规模达 4.1 万亿卢布，同比增长超过 50%，是全球第十二大电商市场，领先西班牙和澳大利亚。2022 年 6 月 6 日，俄罗斯电商协会发布消息称，1 月至 4 月，俄罗斯电商销售额与去年同期相比上涨 50%，达到 1.5 万亿卢布（相当于 1 797 亿元人民币），占俄罗斯总体零售额的 11.8%。中国商务部数据显示，2021 年中俄货物贸易额达 1 468.7 亿美元，同比增长 35.9%，中国连续 12 年稳居俄罗斯第一大贸易伙伴国。

作为横跨亚欧大陆的大国，俄罗斯因独特的地缘位置，成为当今跨境电商领域较大的新兴市场。与此同时，俄罗斯电商平台 OZON 表示，2022 年 4 月俄罗斯消费者网购境外产品的数量同比增加 7 倍。由此可见，消费者需求大、购买欲强、本土商品供不应求等因素都极大地促进了跨境电商的发展。

2. 主要电商平台简介

俄罗斯主要电商平台主要有三类：俄罗斯境内 B2C 网站、跨境网站、比价平台。境内 B2C 网站主要有 Wildberries、OZON（见图 2-10）和 JOOM。其中，OZON 创立于 1998 年，是俄罗斯电商市场中的多品类综合电商平台，一开始仅售卖书籍，之后平台类目逐步发展完善，截至 2012 年，平台已经拥有 1 450 万个注册用户和 2.5 亿美元的年收入。2021 年，OZON 已经拥有近万家活跃中小企业，在 2021 年第一季度销售同比增长高达 135%。

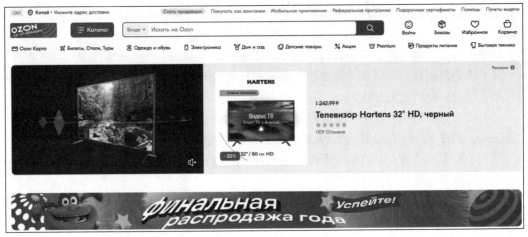

图 2-10　OZON 网站首页

跨境网站主要包括 AliExpress 和 eBay 两个网站。eBay 在俄罗斯的本地化进程较早，于 2012 年就在俄罗斯设置办公区，负责当地市场的营销、商业合作等，并于 2014 年下半年开始正式招募俄罗斯本地商家入驻。

比价平台主要有 Yandex Market，其于 2013 年正式上线，是 Yandex 旗下一个比价网站，主要为用户提供商品价格查询和信息对比服务，宗旨是让用户买到物美价廉的商品。

小资料

2022 年上半年跨境电商市场规模

■ 三、任务实施

按照 5～6 人一组组成跨境电商市场调研团队，利用跨境网络调研的方法，选择一个国家进行目标市场电商应用程度调研，了解该国的电商市场概况、气候特点、文化风俗、消费习惯、主要节日、物流水平、电商发展状况以及主要电商平台等相关信息。

步骤一：了解该国的电商市场概况、气候特点、文化风俗、消费习惯以及主要节日。

步骤二：了解该国的物流水平、电商发展状况及主要电商平台。

步骤三：分析调研结果，为该国发展跨境电商业务提出几点建议，撰写总结，并完成表 2-3。

表 2-3　跨境电商营销环境调研

市场名称				建议和总结
电商市场概况	气候特点	文化风俗	消费习惯	
主要节日	物流水平	电商发展状况	主要电商平台	

■ 四、知识拓展

东南亚跨境电商市场调研

东南亚可以说是具有潜力的电商市场。东南亚较大的人口红利，以及日益崛起的经济、

对数字化经济的高额投资、移动设备的全面普及等，都为其跨境电商搭建了庞大的市场体量基础。

调研东南亚跨境电商市场可以按照以下步骤进行。

（1）确定调研目的和问题：需要明确调研的目的和问题。了解东南亚跨境电商市场的整体状态，以及定位特定细分市场。

（2）收集基础数据：收集一些东南亚国家的大数据变量，包括人口、出口额、交通基础设施投入、消费水平、在线并购比等。这些数据是识别潜在市场的关键要素。

（3）了解市场趋势：吸取东南亚跨境电商相关的经验教训和了解潜在发展趋势，发掘优势业务以及规避可能出现的负面因素。

（4）分析竞争对手：了解市场上主要电商平台和其他跨境电商企业的销售渠道和商业模式，分析转化率、客服水平、物流水平、支付水平等指标，全方位地了解市场渗透情况。

（5）案例分析：总结一些成功或失败案例，了解背后的市场需求、商业模式、用户洞察等。

（6）形成分析报告：整理收集的所有数据信息。通过分析此数据信息，证实调研结论的合理性，可通过图表进行深入分析。

总之，对于东南亚跨境电商市场的调研需要整合数据和分析市场趋势，从而有助于跨境电商企业在业务拓展中制定合适的市场战略。

▌五、同步拓展

① 什么是跨境电商营销环境调研？

② 如果今后从事跨境电商营销环境调研，你认为应该注意什么？

📖 项目总结●●●●●

本项目主要介绍了跨境网络调研的含义、特点、重要性及主要内容，分析了跨境网络调研的方法和步骤。跨境网络调研具有便捷性、经济性、共享性等特点，能够帮助调研人员有目的地收集、分析有关信息，尤其是消费者需求、购买动机及相关的市场情况，从而提出解决问题的相关建议，为后期实施跨境电商营销活动打下坚实的基础。

项目三

跨境电商市场分析

项目情境引入 ↓

    作为东南亚第二大经济体，泰国有着近 5 000 万的活跃互联网用户，庞大的互联网用户群不断促使泰国电商市场规模扩大。在 2022Lazada 跨境商家大会上，Lazada 表示 2022 年泰国 B2C 和 C2C（消费者对消费者电商）市场规模为 8 180 亿泰铢（约合 216 亿美元），并预测在 2027 年将达到 1.6 万亿泰铢（约合 423 亿美元）。

    泰国跨境电商销售额占泰国整个电商市场份额的近 1/3。近 50% 的在线购物者从境外购物。近年来，泰国电商市场发展速度已经领先全球，有 94% 的泰国民众称自己有线上购物的经历，这项数据超全球平均水平的 72%，还有约 97% 的泰国民众表示，他们以后会尽可能地选择线上购物。

    泰国消费者购物的首选条件是低价。此外，质量和服务是泰国消费者看重的购买因素，他们更愿意为自己喜欢的品牌支付更高的价格，泰国消费者是具有品牌意识和品牌忠诚度的消费者。随着经济的复苏，泰国消费者对自己的财务状况也更加乐观，尤其是对电商的热情越来越高，这一现象在东南亚其他国家也很常见。

    未来，随着越来越多的消费者转向网购，物流、支付以及贸易等体系建设的不断推进，以及政策的落地和《区域全面经济伙伴关系协定》（RCEP）的生效，泰国的电商市场拥有很大的投资空间。

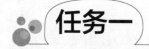

项目任务书如表 3-1 所示。

表 3-1　项目任务书

任务编号	分项任务	能力目标	知识目标	素质目标
任务一	分析跨境电商消费者	能够分析跨境电商消费者的类型、需求特点以及影响因素	1. 了解跨境电商消费者的类型 2. 熟悉跨境电商消费者的需求特点 3. 掌握影响跨境电商消费者的因素	1. 引导学生了解世情国情民情，增强对党的重大战略的政治认同、思想认同、情感认同 2. 培养学生大国工匠型职业修养，增强其大国自信和社会责任感
任务二	跨境电商市场细分	能够根据消费者的特征选择适当的细分依据，并对跨境电商市场进行合理细分	1. 了解跨境电商市场细分的必要性 2. 熟悉跨境电商市场细分的依据 3. 掌握跨境电商市场细分的方法和步骤	
任务三	定位跨境电商目标市场	能够运用适当的定位策略，准确地帮助跨境电商企业定位目标市场	1. 了解跨境电商目标市场模式 2. 掌握跨境电商目标市场营销策略 3. 熟悉跨境电商目标市场定位内容 4. 掌握跨境电商目标市场定位策略	

任务一　分析跨境电商消费者

一、任务描述

分析跨境电商市场的第一步是分析跨境电商消费者，了解他们的消费行为和习惯。任务一主要介绍跨境电商消费者的类型、需求特点、影响因素等知识。

二、相关知识

（一）跨境电商消费者的类型

在跨境电商消费中，根据消费者的上网目的、习惯、爱好、购买行为、动机等因素，可以将跨境电商消费者分为以下五种类型。

1. 理智型消费者

理智型消费者需要的是方便、直接的网上购物，购买的大多是生活必需品或高档产品。这类消费者一般工作比较紧张，或对产品有特殊的要求（如定制产品），他们认为在网上购物能够节约时间。企业应为理智型消费者提供适宜的商品、便利的服务，将他们留住。

2. 时尚型消费者

时尚型消费者大多是"网上冲浪者"，他们在网上花费的时间较多，并且把在网上购买一些时尚产品作为主要目的，他们易受新产品、新颖的广告和促销活动吸引。企业要为时尚型消费者提供具有活力、创新性的产品活动与网页，以让他们感兴趣。

3. 体验型消费者

体验型消费者一般把网上购物当成一种体验。这类消费者具有较大的开发潜力，他们愿意光顾那些有名气的网站，经常购买图书、软件等产品。企业应对体验型消费者保持足够的重视，提供相应的服务。

4．寻价型消费者

寻价型消费者有一种购买便宜商品的本能，价格是他们最关心的因素，他们喜欢讨价还价。对于询价型消费者，企业应注重对交易模式、流程的设计。

5．浏览型消费者

浏览型消费者通常会被网站的内容吸引，会定期访问新闻、商务、论坛等网站。吸引他们产生购买意愿，将访问者变为消费者是企业要研究的重点。

（二）跨境电商消费者的需求特点

由于互联网商务的出现，消费观念、消费方式和消费者的地位正在发生重要的变化，互联网的发展提高了消费者主权地位；跨境网络营销系统巨大的信息处理能力，为消费者挑选商品提供了巨大的选择空间，使消费者的购买行为更加理性化。跨境网络环境下消费者需求主要有以下特点。

1．消费需求的个性化

由于工业化和标准化生产方式的发展，消费者的个性被淹没于大量低成本、单一化的产品洪流之中。另外，在短缺经济或单一产品的市场中，消费者可以挑选的产品比较少，因此其个性不得不被压抑。但是 21 世纪的世界变成了一个计算机网络交织的世界，市场上的产品变得越来越丰富，消费者进行产品选择的范围也逐渐全球化，消费者开始制定自己的消费准则，消费需求越来越趋于个性化。没有一个消费者的消费心理是相同的，每一个消费者都是一个细小的消费市场，个性化消费也必将再度成为消费的主流。

2．消费需求的差异性

对于不同的跨境电商消费者，因为其所处的时代环境不同、地区不同、文化环境不同，所以会产生不同的需求；即便在同一需求层次上，不同跨境消费者的需求也会有所不同。因为跨境电商消费者来自世界各地，有不同的信仰和生活习惯，所以会产生明显的需求差异性。从事跨境电商营销的企业要想取得成功，就必须在整个生产过程中，从产品的构思、设计、制造，到产品的包装、运输、销售，认真思考分析这些差异性，并针对不同消费者的特点，采取相应的措施和方法。

3．消费需求的交叉性

在跨境电商消费中，各个层次的消费不是互相排斥的，而是具有紧密的联系，需求之间广泛存在交叉的现象。例如，在同一张购货单上，消费者可以同时购买普通的生活用品和昂贵的饰品，以满足生理的需求和尊重的需求。这种情况的出现是因为线上商店销售的商品类型多种多样，消费者可以在较短的时间里浏览多种商品，产生交叉性的消费需求。

4．消费需求的层次性

跨境电商消费本身是一种高级的消费形式，但就其消费内容来说，可以分为由低级到高级的不同层次。需要注意的是，在传统的商业模式下，人们的需求一般是由低层次向高层次逐步延伸发展的，只有当低层次的需求被满足之后，才会产生高层次的需求。在跨境消费的开始阶段，消费者偏重于精神产品的消费；到了跨境消费的成熟阶段，等消费者完全掌握了消费的规律和操作，并且对跨境网络购物有了一定的信任感后，才会从侧重于精神消费品的购买转向日用消费品的购买。

5．消费需求的理智性

跨境电商营销系统巨大的信息处理能力，为消费者挑选商品提供了巨大的选择空间，消费者会利用在网上得到的信息对商品进行反复比较，以决定是否购买。企业采购人员可利用预先设计好的计算程序，迅速比较进货价格、运输费用、优惠、折扣、时间效率等指标，最终选择有利的进货渠道。

6．消费需求的超前性和可诱导性

跨境电商消费者的主流是具有一定超前意识的中青年，他们对新事物反应灵敏，没有被条条框框束缚，接受速度很快。跨境电商营销构造了一个世界性的虚拟大市场，在这个市场上，最先进的商品和最时髦的商品会以最快的速度与消费者见面。具有创新意识的跨境电商消费者会很快接受这些新的商品（包括境内的和境外的），从而带动周围消费者新的消费热潮。从事跨境电商业务的企业应当充分发挥自身的优势，采用多种营销方法，刺激跨境电商消费者产生新的需求，唤起他们的购买兴趣，诱导跨境电商消费者将潜在的需求转变为现实的需求。

7．消费需求的娱乐性

在网上购物，除了能够满足实际的购物需求以外，消费者还能得到许多信息，并得到在传统商店购物享受不到的乐趣。目前，人们在现实消费过程出现了两种趋势：一部分工作压力较大、紧张程度高的消费者以方便性购买为目标，他们追求的是时间和劳动成本的尽量节省；而另一部分消费者，由于劳动生产率的提高，自由支配时间增多，他们希望通过消费寻找生活的乐趣。可以预见，这两种相反的消费心理将会在较长的时间内并存。

8．消费需求的价格导向性

从消费的角度来说，价格不是决定消费者购买的唯一因素，却是消费者购买商品时会考虑的因素。网上购物具有生命力，重要的原因之一是网上销售的商品的价格普遍低廉。尽管经营者都倾向于以各种差别化减弱消费者对价格的敏感度来避免恶性竞争，但价格始终对消费者的心理产生重要的影响。如果价格降幅超过消费者的心理界限，消费者会怦然心动而改变既定的购物原则。

（三）影响跨境电商消费者的因素

1．环境因素

从各种影响因素来看，网民人均收入、网民数量和网民学历水平与网络消费总量存在正相关，而网民人均上网时间则与网络消费总量存在负相关。

（1）网民人均收入。

网民人均收入对网络消费总量有显著的正面影响，推动了各国（地区）的在线消费。经济基础影响消费水平和消费方式，因此跨境网络消费总量与跨境电商消费者的人均收入密切相关。

（2）网民数量。

随着网民数量的逐年增加，网络消费总量也呈现出增长趋势。随着网络消费观念被普遍接受、国民整体经济状况的提升、计算机价格的低廉化、网络宽带的大力普及，各国（地区）许多收入水平不高的网民也参与到网络消费中来，造就了如今跨境电商市场的一片盛世景象。

（3）网民学历水平。

网民学历水平与网络消费总额是呈正相关的，一般来讲，受教育程度越高，网络消费能力越强，网络消费的层次越高。若网民整体学历水平能提高，其带来的网络消费效应将更大。

（4）网民人均上网时间。

网民人均上网时间与网络消费总额存在负相关。从逻辑上看，上网经验越丰富，其参与网络消费的可能性就越大，但应注意到一个问题，那就是如今上网已成为人们消遣娱乐、了解外界信息的一项基本活动，而大部分网民上网并不是为了购物。因此，网民人均上网时间的增加，只能说明互联网世界的生活越来越丰富，网民的大部分时间都用于除网络购物以外的其他网络应用。但同样要看到这些年网络购物用户规模增幅一直较大，网上支付、网上银行等商务类应用的重要性进一步提升，更多的传统经济活动已经步入移动互联网时代，可以预见今后的网民人均上网时间与网络消费总量的负相关程度会减轻，也有可能呈现正相关。

2．个人因素

（1）年龄。

不同年龄的消费者的关注点是不相同的。首先，关注的网站类型不同。其次，对网站内容的关注点不同，例如同样一个企业网站，成年人比较关注这个网站给予的产品价值，而青少年关注的可能是网站中提供的活动。

（2）性别。

男性消费者和女性消费者对网络产品的需求以及网络消费行为习惯都存在差异，营销人员应该把握两者的特点，并将其作为设计网络营销策略的考虑因素。

（3）职业。

不同职业的消费者所感兴趣的网站不同，信息来源也会有所不同。专业性越强的网站，聚集对应的职业人群的能力就越强，那么网络营销就要有针对性地在适当的网站投放广告。

（4）受教育程度与经济收入。

由于受教育程度与经济收入有较强的正相关，因此应将两个因素放在一起考虑。消费者的受教育程度越高，在了解和掌握互联网知识方面的困难就越小，也就越容易接受网络购物的观念和方式；越是受过良好的教育，网络购物频率就越高。

（5）生活方式。

不同国家（地区）的消费者的消费理念是不同的，在生活用品、书籍、娱乐等方面的消费支出比例是不同的，上网的时间、地点、频率以及浏览偏好等的差异也相当明显。此外，消费者的购买行为受到动机、知觉、学习以及信念和态度等主要心理因素的影响。在进行跨境电商营销时，一定要考虑到各国（地区）消费者的生活方式和风俗习惯。

（6）个性。

个性是指一个人的心理特征。不同个性的消费者的消费习惯和偏好也不同。例如，外向的消费者会比较关注运动、旅游、交友等网络资讯；而内向的消费者会倾向于文学、艺术类的网络资讯。追随型或依赖性强的消费者会更容易受到企业在网络上的营销因素的影响，易于接受广告，也较容易对品牌产生忠诚；而独立和理性的消费者则会更积极地收集各种资讯，不轻易相信广告，对企业的营销因素敏感度低。

3．企业因素

（1）支付。

跨境电商企业提供的网上支付手段的多样性、方便性、安全性，在很大程度上影响消费者的消费行为。

（2）配送。

完善的物流配送系统，是实物商品网络营销的一个关键点，也是跨境电商消费者十分看重的地方。良好的物流配送系统可以提供安全、快速的配送服务，能提高跨境电商消费者的满意度。在跨境电商中，很多国家（地区）的物流配送系统还不够完善，影响了本国（地区）电商的发展。

（3）营销策略。

跨境电商企业出色的营销策略对跨境电商消费者的行为会产生积极的影响。在跨境电商平台上，企业的营销策略可以更加多样化，从而对跨境电商消费者产生更加深刻的影响。

（4）网站设计。

网站设计对消费者的影响主要通过内容设置、界面是否友好和是否方便快速等方面体现。一个有效率的网站设计应当能够促使消费者产生某种需求并引起相应的购买行为。

（5）客户服务。

跨境电商营销的客户服务不仅包含了传统营销的客户服务的内容，还更加注重跨境电商企业为客户提供的资讯与信息交流。提供服务的方式可以有很多种，如常见问题交流、E-mail 信息交流、提供呼叫中心服务等。很多时候售后的退换货服务直接影响跨境电商消费者的购买决策。

小资料

俄罗斯消费者分析

三、任务实施

以 5～6 人一组组成跨境电商市场分析团队，选择任一国家（地区）进行跨境电商消费者分析，了解该国（地区）消费者的基本情况、喜好、消费特点、消费偏好以及支付方式等相关信息。

步骤一：了解该国（地区）消费者的基本情况。

步骤二：了解该国（地区）消费者的喜好、消费特点以及消费偏好。

步骤三：了解该国（地区）消费者的支付方式。

步骤四：分析调研结果后，为该国（地区）发展跨境电商业务提出几点建议，撰写总结，并完成表 3-2。

表 3-2　跨境电商消费者分析

国家（地区）	基本情况	喜好	消费特点	消费偏好	支付方式	建议
总结						

四、知识拓展

阅读材料：东南亚电商市场消费者画像

市场研究机构 eMarketer 发布报告称，东南亚和拉美市场包揽全球电商销售额增速冠军、亚军，是 2022 年仅有的 2 个电商销售额增幅超过 20% 的市场，如图 3-1 所示。相比之下，全球电商销售额预计增长 12.2%，东南亚和拉美市场将领跑全球电商增长。

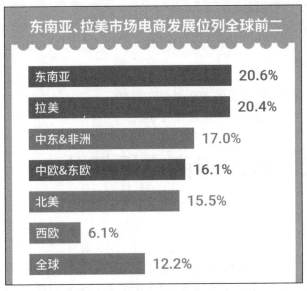

图 3-1 2022 年全球各地区电商销售额增长率

电商成为东南亚数字经济发展的主要驱动力。谷歌（Google）、淡马锡控股集团和贝恩咨询公司发布的《2022 年东南亚数字经济报告》显示：东南亚电商市场占该地区数字经济总规模的 64%，并将于 2025 年突破 2 110 亿美元。报告还提到，2019—2025 年，东南亚电商市场趋势呈 S 形增长曲线（见图 3-2），即在经历急剧加速后，仍能持续稳步增长，呈现这一趋势的主要原因是在线购物需求不断增长。

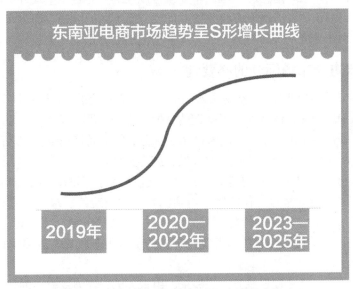

图 3-2 东南亚电商市场趋势呈 S 形增长曲线

线上购物已成为东南亚人民的购物习惯，网民数量持续增长。据统计，东南亚互联网用户在 2019 年至 2022 年增加了 1 亿人，其中，约 25% 的网民是过去 3 年中新增的用户，网民网购渗透率高达 80%，线上购物需求旺盛。

同时，东南亚电商的一些平台规则也在发生变化。电商卖家更倾向于通过优化运营增加盈利：在获客拉新的同时，将更多精力投放在现有消费群体，以提高复购率、消费者忠诚度，从长期规划考虑实现可持续发展。

五、同步拓展

① 影响跨境电商消费者行为的主要因素有哪些？

② 东南亚跨境电商消费者的需求特征有哪些？

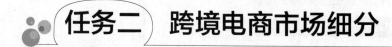

一、任务描述

全球电商市场竞争日趋激烈，中小跨境电商企业需要找到合适的细分市场作为目标市场。任务二主要介绍跨境电商市场细分的相关知识，包括跨境电商市场细分的必要性、细分的依据、细分的方法和步骤等。

二、相关知识

跨境电商市场细分是指以跨境电商消费者的需求、购买动机与习惯爱好等为依据，区分具有不同需求群体的过程，这样跨境电商市场就可以被划分为若干个细分市场。就某个细分市场而言，跨境电商消费者的需求有较多的共同性，而不同的细分市场之间的需求则有明显的差异。跨境电商企业应明确自身的特点，选择恰当的细分市场作为目标市场。

（一）跨境电商市场细分的必要性

对跨境电商市场进行细分，并不是由人们的主观意志决定的，而是随着产品数量的增加、质量的提高和品种的增多，消费者有了挑选的余地，市场出现了竞争，并且竞争日趋激烈，跨境电商企业必须注重市场调研，认真做好市场细分，把握跨境电商消费者的爱好与需求变化，这样才能在跨境电商市场中做到有的放矢、游刃有余。

跨境电商市场上有成千上万的消费者并且消费者的数量不断增加，他们有着各自的心理需要、生活方式和行为特点。仅从跨境电商消费者对服装的需求看，差异性就很大：有的消费者为了追求时尚，不惜高价购买时尚服装；有的消费者为了显示自己的身份和社会地位，购买高价、高质且雅致的名牌服装；有的消费者由于收入低或追求朴素，购买大众化的服装。

跨境电商企业面对消费者千差万别的需求，由于人力、物力及财力的限制，不可能生产各种不同的产品来满足所有消费者的不同需求。为了提高经济效益，跨境电商企业有必要细分市场。跨境电商消费者的需求差异是跨境电商市场细分的内在依据。只要存在两个及两个以上的消费者，便可根据其需求、习惯和购买行为等的不同，进行市场细分。在电商市场竞争中，一个企业不可能在营销全过程中都占绝对优势。为了进行有效的竞争，跨境电商企业必须评价、选择并集中力量于能发挥自己相对优势的市场,这便是进行市场细分的外在依据,即必要性。

(二)跨境电商市场细分的依据

1. 地理变量

按地理变量细分就是把市场分为不同的地理区域,如国家、地区、省、市,东部、西部,南方、北方,城市、农村,平原、高原,湖区、山区、沙漠等。以地理变量作为市场细分的依据,是因为地理因素影响消费者的需求。由于自然气候、交通通信条件、传统文化、经济发展水平等因素的影响,不同地区形成了不同的消费习惯和偏好,具有不同的需求特点。

2. 人口变量

人口变量细分是按年龄、性别、家庭人数、生命周期、收入、职业、受教育程度、民族、国籍、社会阶层等人口统计因素,将市场细分为若干细分市场。例如,可以把服装市场按照"性别"这个细分变量分为两个市场:男装市场和女装市场。如果再按照"年龄"这个细分变量又可以分出七个细分市场:童装市场,青年男、女装市场,中年男、女装市场,老年男、女装市场。百事可乐能成功,主要得利于市场细分,发展并开拓了可口可乐没有意识到的市场区域。有不少商品,比如服装、化妆品等,消费者性别不同、年龄不同,购买特点也大为不同。例如不同年龄的女性对护肤品的选择就有明显差异。再者,收入、学历也直接影响着跨境电商消费者的购买特点。

3. 心理变量

在跨境电商营销活动中,常常出现这种情况,即使是同一消费者群体,对同一商品的爱好和态度也会不同,这主要受心理因素的影响。市场细分的心理因素十分复杂而广泛,涉及消费者一系列的心理活动和心理特征,主要包括以下几个方面。

(1)生活方式。

生活方式是指个人或集体在消费、工作和娱乐上表现出的特定习惯。不同的生活方式往往会产生不同的消费需求和购买行为,即使对同一种商品,不同消费者也会在质量、外观、款式、规格方面产生不同的需求。现在,许多消费者购买商品不仅为了满足物质方面的需要,更重要的是为了表现他们的生活方式,满足自身心理需要。近年来,企业十分重视生活方式对企业市场经营的影响,特别是生产经营化妆品、服装、家具、酒类产品的企业。还有一些企业,把追求某种生活方式的消费群当作自己的目标消费者,专门为这些消费者生产产品。例如,有的服装公司把女性分成朴素型、时髦型、有男子气概型三种类型,分别为她们设计和生产不同式样、颜色的服装。

生活方式是一个内涵十分丰富的概念,它与消费者的收入、文化素养、社会地位、价值观念、职业等因素密切相关。因此,运用生活方式这一变量细分市场是既有趣又艰巨的工作。

(2)个性。

个性是指个人独特的心理特征,这种心理特征使个人与环境保持相对一致并对环境保持持久的反应。每个人都有影响其购买行为的独特个性。在区分出不同的个性,并且特定的个性与产品或品牌的选择之间存在很强相关性的前提下,个性就可以成为细分市场的心理变量。例如,有些钟表公司把消费群体细分为传统型消费群体、新潮型消费群体、节俭型消费群体、活泼型消费群体等。消费者在选择品牌时，会在理性上考虑产品的实用功能，同时在感性上评估品牌表现出的个性。因此，很多企业会赋予品牌个性，以迎合消费者的个性。例如 20 世纪 50 年代末，福特汽车和雪佛莱汽车在促销方面就强调其个性的差异，导致不少人认为购买福特汽车的消费者有独立性、易冲动，有男子气概，勇于变革并有自信心；购买雪佛莱汽车的消费者保守、节俭，恪守中庸之道。

（3）偏好。

偏好是指消费者偏向于某一方面的喜好，如有的消费者爱吃辣，有的消费者爱吃甜。在跨境电商市场上，跨境电商消费者对不同品牌的喜爱程度是不同的，有的消费者有特殊偏好，有的消费者没有什么偏好。因此，跨境电商企业为了维持和扩大经营，就要了解消费者的各种偏好，掌握其需求特征，以便在产品、服务等方面满足他们的需要。

4．行为变量

行为细分是根据消费者对品牌的了解、态度、使用情况及反应，将他们分为不同的群体。许多营销人员认为：行为变量是市场细分的最佳起点。行为变量主要包括以下几个方面。

（1）时机。

按消费者购买和使用产品的时机细分市场，这些时机包括结婚、购房、搬家、拆迁、入学、升学、退休、出差、旅游等。按时机细分有助于提高品牌使用率，提高营销的针对性。例如文具企业可以在新学期开始提供学习用品。

（2）利益。

按利益细分是根据消费者从品牌产品中追求的不同利益进行市场细分的一种分类方法。曾有研究者运用利益细分法对美国钟表市场进行研究，发现手表消费者可分为三类：大约 23% 的消费者侧重价格低廉，46% 的消费者侧重耐用性及一般质量，31% 的消费者侧重品牌声望。相应地，这三类消费者对应三类细分市场。当时美国大多数钟表公司都把注意力集中于第三类细分市场，制造豪华昂贵的手表并通过珠宝店销售。唯有 TIMEX 公司选定第一类和第二类细分市场作为目标市场，全力推出物美价廉的"天美时"牌手表并通过一般钟表店或大型综合商店出售。该公司后来发展成为世界一流的钟表公司。

运用利益细分法时，还必须确定人们在产品种类中寻求的主要利益、谁在寻求这些利益、这些利益对他们的重要程度如何、哪些品牌可以提供这些利益、哪些利益还没有得到满足，进而进行有针对性的品牌营销策划。某美国学者曾运用利益细分法对牙膏市场进行细分而获得成功。他把牙膏需求者寻求的利益分为经济实惠、防治牙病、洁齿美容、口味清爽四类。牙膏公司可以根据自己所面向的目标市场的特点，了解竞争者是什么品牌，市场上现有品牌缺少什么利益，从而改进自己现有的产品，或推出新产品，以满足目标市场上未被满足的利益需要。

（3）使用者状况。

按使用者状况将消费者分为曾经使用者、未曾使用者、潜在使用者、初次使用者、偶尔使用者和经常使用者等类型，针对不同使用群体采用不同的营销策略和方法。市场占有率高的品牌特别重视将潜在使用者转变为实际使用者，例如领导型品牌；一些中小企业则以经常使用者为服务对象。

（4）品牌忠诚度。

消费者的忠诚是企业宝贵的财富。美国商业研究报告指出：多次光顾的消费者，可为企业多带来 20%～85% 的利润；固定客户数目每增长 5%，企业的利润则增加 25%。根据消费者的品牌忠诚度，可以将消费者分为四种类型：专一忠诚者、潜在忠诚者、迟钝忠诚者和缺乏忠诚者。

专一忠诚者。专一忠诚者是消费者群体的重要组成部分。专一忠诚者会成为品牌的免费宣传者，并不断地向别人推荐品牌。对于任何企业而言，专一忠诚者是其最欢迎的消费者类型。

潜在忠诚者。消费者高度偏好与低度重复购买的结合，便形成了潜在忠诚。例如美国有一个中国食物爱好者，她的家附近就有一家她很喜欢的中国餐馆。但她的先生只喜欢美式餐点，对中国食物不感兴趣，所以她只是偶尔光顾这家中国餐馆。如果该餐馆了解了这位潜在忠诚者的这些情况，就可以采取一些应对的策略，如增加一些美式餐点等。

迟钝忠诚者。消费者低度偏好与高度重复购买的结合，便形成了迟钝忠诚。这类消费者的购买原因不是偏好，而是"经常使用"或"使用方便"。大多数经常购买某类产品的消费者都属于这种类型。例如有些人总在一条街上购买日常用品，在另一条街上的干洗店干洗衣物。如果能积极争取这类消费者，提高产品或服务质量，形成自己的特色，那么这类消费者就可能会由迟钝忠诚者转变为专一忠诚者。

缺乏忠诚者。由于不同的原因，某些消费者不会对某些品牌产生忠诚。一般来说，企业应避免将缺乏忠诚者作为目标消费者，因为他们不会成为真诚的消费者，他们对企业的发展只有很少的贡献。

（5）使用率。

根据品牌使用程度细分市场，将消费者分为重度使用者、中度使用者和轻度使用者。一般品牌重度使用者占总体消费者的比例不大，但他们的消费量在全部消费量中所占的比例却相当高。用营销广告界的巴莱多定律来说就是，20%的品牌重度使用者的消费量占该品牌全部消费量的80%。以啤酒为例，有人曾做过调查，啤酒消费者中，大量消费者与小量消费者各占一半，其中大量消费者的消费量占全部消费量的88%，而小量消费者的消费量只占12%。又据调查，啤酒的大量消费者多为劳动阶层，年龄在25～50岁，而年龄在25岁以下和50岁以上的消费者为小量消费者。这种细分有助于企业做出相应的对策。

（6）态度。

消费者对品牌的态度大体可以分为五种，即热爱、肯定、冷淡、拒绝和敌意。态度是人们生活方式的一种体现，消费者的态度决定品牌定位。跨境电商企业可以通过调查、分析，针对不同态度的消费者采取不同的营销对策，如对抱有拒绝和敌意态度的消费者，就不必浪费时间改变他们的态度；对抱有冷淡态度的消费者则应设法争取。

小资料

跨境电商如何进行
细分市场分析

（三）跨境电商市场细分的方法

根据市场细分的程度不同，市场细分大致有完全无细分、完全细分、按一个影响需求因素细分、按两个及两个以上影响需求因素细分等方法。

1．完全无细分

完全无细分即有意识地不根据消费者需求的不同加以细分，这样做的目的是强调市场中的共性，漠视个性，以降低生产、营运成本。

2．完全细分

完全细分称为极端细分，即认为每一个消费者都可能是一个单独的市场，完全可以按照这个市场所包括的消费者数目进行最大限度的细分。

3．按一个影响需求因素细分

对于某些通用性比较大、挑选性不太强的产品，可以按一个影响需求因素加以细分。

4．按两个及两个以上影响需求因素细分

大多数产品的销售都受购买者多种因素的影响，例如：①不同年龄范围的消费者，因生理或心理的原因对许多产品有不同的要求；②相同年龄范围的消费者，因收入的不同，也会产生需求的差异；③相同年龄范围和相同收入水平的消费者，会因性别、居住地区及其他许多情况的不同而呈现复杂和互不相同的需求。因此，大多数产品都需按照两个或两个以上影响需求因素细分。

（四）跨境电商市场细分的步骤

1．识别市场细分目标

市场细分开始于营销管理人员确定识别市场的基础。识别和反映细分市场有两种基本方法。①管理导向方法。从管理者角度选择细分变量来定义细分市场。②市场导向方法。从消费者的角度通过各种调查、测试性方法确定、评价消费者特征，从而定义细分市场。以上两种方法的目的都是把具有某种特点的消费者群体与特定的营销组合联系起来。

2．市场细分变量筛选组合

这一步是在第一步的基础上对每个细分市场中消费者特征进行深入分析，从而在性质和数量层面理解消费者需求。

3．预测市场潜力

这一步实际上是验证市场细分的经济可行性，只是对典型消费者描述，还不能产生有实际商业意义的细分市场。市场潜力是企业市场细分决策的根本标准。这一步的目的是确定市场细分决策的前提，这不仅包括判断市场潜力的大小，还包括在市场潜力与可用资源之间进行权衡。

4．细分市场分析

这一步主要包括两个基本任务：①细分市场竞争地位分析；②特定细分市场的营销策略初步方案分析。这两项工作可以同时进行。这一步实际上是论证进入细分市场的可行性，要在估计市场潜力的基础上，衡量进入细分市场的运营成本。

5．选择特定细分市场

这一步是将细分市场利益和目标进行分析比较，评价投入及产出效率和效果水平；同时还需考虑进入细分市场的其他难以计量评价的重要条件，如环境等。

小资料

英国一家小制漆厂的细分市场

三、任务实施

以5～6人一组组成跨境电商市场分析团队，针对主流跨境电商平台上主营产品的一个品类，选择该品类中的一种产品进行跨境电商市场细分，列出市场细分的依据并描述每个细分市场的特点等相关信息。

步骤一：以全球速卖通平台为例，针对各个产品大类（女装服饰、手机配件、计算机办

公、珠宝手表、家具园艺、婴幼儿玩具、户外运动、美容健康、汽车摩托等），分析产品的特点。

步骤二：选择产品大类中的一个产品种类。

步骤三：选择适当的细分变量，对产品进行跨境电商市场细分，并描述各细分市场的特点。

步骤四：分析调研结果后，撰写总结，并完成表 3-3。

表 3-3　跨境电商市场细分

产品大类	产品种类	产品特点	细分变量	各细分市场特点
总结				

四、知识拓展

阅读材料：个性化定制产品——跨境电商卖家的重要细分市场

个性化定制产品是跨境电商市场中一个非常重要的细分需求。这个市场做的是非标产品，需求绝对量不大，但利润率高。在跨境电商市场中，一些亚马逊和独立站卖家都以定制产品作为自己的经营方向。特别是盛大节日，或者一些用户的特定纪念日前夕，这类定制产品的需求非常旺盛。

现在，亚马逊平台上越来越多的产品可以做个性化定制，通过定制按钮，用户可以提交自己在产品上要定制的信息，如图 3-3 所示。

图 3-3　亚马逊平台个性化定制按钮

像月亮灯这类产品（见图 3-4），在亚马逊平台上的竞争一度非常激烈。有卖家就从定制的角度出发，让用户可以通过照片定制其外观，产品就具有差异化，售价也可以定得较高。

亚马逊显然也看到了需求，非常重视定制这一市场。2020 年，亚马逊高调在 Amazon Fashion 类目推出了自己的全新服务，"Made For You"定制 T 恤服务如图 3-5 所示。和过往只是简单定制 T 恤图案不同的是，用户提供身高、体重和照片，亚马逊会为用户生成一个虚拟分身，随即用户就可以选择面料、颜色、袖长、领口等，还可以在 T 恤上印名字，从而得到一件更加个性、合身的 T 恤。

图 3-4　个性化定制产品月亮灯

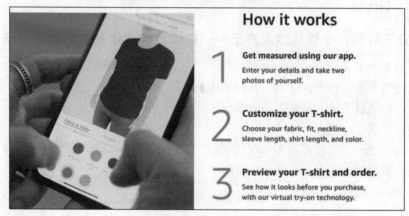

图 3-5　亚马逊"Made For You"定制 T 恤服务

经营定制类产品，独立站是一个非常好的选择。广大跨境电商卖家能够通过 TikTok、Facebook 等社交媒体，为独立站引流，这对定制类产品的推广有巨大的帮助。

五、同步拓展

① 跨境电商市场细分对跨境电商企业的营销活动有什么作用？
② 跨境电商市场细分有哪些细分依据？

任务三　定位跨境电商目标市场

一、任务描述

定位跨境电商目标市场是指跨境电商企业在把握全球跨境电商市场发展状况和细分跨境电商市场的基础上，结合企业自身特点，有选择性地确定潜在目标市场。任务三主要介绍选择跨境电商目标市场模式、跨境电商目标市场营销策略、跨境电商目标市场定位内容以及跨境电商目标市场定位策略等知识。

二、相关知识

伴随着全球电商的飞速发展，跨境电商企业的竞争压力越来越大，很多企业为了让自己的产品能在跨境电商市场的竞争中赢得一席之地，彼此之间纷纷较劲。然而很多企业在将产品推向市场的过程中，却"撞"得头破血流，原因就是它们没有为产品找到合适的目标市场。跨境电商企业选择目标市场是为了能够在众多细分后的子市场中找到适合自己发展的目标市场，并根据跨境电商消费者对产品的需求为其提供完善的服务。选择合适、正确的目标市场能够帮助跨境电商企业在找准定位的同时，获得出奇制胜的法宝。

（一）选择跨境电商目标市场模式

选择目标市场指企业为了满足现实和潜在的市场消费者需求，在市场细分的基础上，确定企业产品服务的特定细分市场，也称为目标营销或市场目标化，即企业决定要进入的市场部分或子市场（企业的产品或服务所要满足的特定消费群体）。企业在选择目标市场时有以下五种可供考虑的模式。

1. 密集单一市场

选择一个细分市场集中营销，目标市场范围较窄，风险较大，当其他竞争者进入时，对企业打击较大。许多小企业由于资源有限，往往采用这种模式。而一些新成立的企业，由于初次进入市场，缺乏生产经营经验，也可能把一个细分市场作为继续发展扩张的起始点。密集单一市场模式使企业的经营对象单一，企业可以集中力量在一个细分市场中，以获得较高的市场占有率。

2. 有选择的专门化（多细分市场）

在这种模式下，企业选择若干个细分市场，每个细分市场在客观上都有吸引力，并且符合企业的目标和资源。但各细分市场之间很少有或者根本没有任何联系，每个细分市场都有可能实现盈利。多细分市场目标模式优于密集单一市场目标模式，因为前者可以分散企业的风险，即使某个细分市场失去吸引力，企业仍可持续在其他细分市场获取利润。

3. 产品专门化

在这种模式下，企业集中生产一种产品，并向各类消费者销售这种产品。企业的市场面广，有利于摆脱对个别细分市场的依赖，降低风险。同时，生产相对集中，有利于发挥生产技能，使某种产品（基本品种）树立较好的声誉。例如，显微镜生产商向大学实验室、政府实验室和工商企业实验室销售显微镜。该生产商向不同的消费者群体销售不同种类的显微镜，而不去生产实验室可能需要的其他仪器。该生产商通过这种模式，在显微镜产品方面树立起很高的声誉，但如果该产品被一种全新的显微技术代替，就会面临危机。

4. 市场专门化

市场专门化指专门为满足某个消费者群体的各种需要而服务，有助于发展和利用与消费者之间的关系，降低交易成本，并在这一类消费者中树立良好的形象。当然，一旦这类消费者的购买力下降，企业的收益就会受到较大影响。例如，某公司可为大学实验室提供一系列产品，包括显微镜、示波器、本生灯、化学烧瓶等。该公司专门为这个消费者群体服务，而获得良好的声誉，并成为这个消费者群体所需各种新产品的销售代理商。但如果大学实验室的经费预算突然削减，就会减少从这个公司购买仪器的数量，这样会导致公司面临危机。

5．完全市场覆盖

完全市场覆盖指企业想用各种产品满足各种消费者群体的需求。通常，只有大企业才会采用完全市场覆盖模式，例如国际商用机器公司（计算机市场）、通用汽车公司（汽车市场）和可口可乐公司（饮料市场）。

（二）跨境电商目标市场营销策略

1．无差异市场营销策略

无差异市场营销策略是指企业将产品的整个市场视为一个目标市场，用单一的营销策略开拓市场，即用一种产品和一套营销方案吸引尽可能多的消费者。无差异市场营销策略只考虑消费者在需求上的共同点，而不关心他们在需求上的差异性。无差异市场营销策略的优点是：生产单一产品，可以减少生产与储运成本；无差异的广告宣传及其促销活动可以节省促销费用；不进行市场细分，可以减少企业在市场调研、产品开发、制定各种营销组合方案等方面的营销投入。这种策略适用于需求广泛、市场同质性高且能大量生产、大量销售的产品。

2．差异性市场营销策略

差异性市场营销策略是将整体市场划分为若干细分市场，针对每一细分市场制定一套独立的营销方案。差异性市场营销策略的优点是：小批量、多品种，生产机动灵活、针对性强，能使消费者需求更好地得到满足，由此促进产品销售。此外，由于企业是在多个细分市场上经营，一定程度上可以减少经营风险；一旦企业在几个细分市场获得成功，则有助于提高企业的形象及市场占有率。差异性市场营销策略的缺点主要体现在两个方面。一是增加营销成本。由于企业必须针对不同的细分市场制订独立的营销计划，因此会增加企业在市场调研、促销和渠道管理等方面的营销成本。二是可能使企业的资源配置不能有效集中，甚至在企业内部出现彼此争夺资源的现象。

3．集中性市场营销策略

实行无差异市场营销策略和差异性市场营销策略，企业均以整体市场作为营销目标，试图满足所有消费者在某一方面的需要。集中性市场营销策略则集中力量进入一个或几个细分市场，实行专业化生产和销售，力求在一个或几个细分市场占有较大份额，适合资源力量有限的中小企业。中小企业由于受财力、技术等方面因素的制约，在整体市场可能无力与大企业抗衡，但如果能将资源优势集中在大企业尚未顾及或尚未建立绝对优势的某个或某几个细分市场，成功的可能性更大。集中性市场营销策略的局限性体现在两个方面。一是市场区域相对较小，企业发展受到限制。二是潜伏着较大的经营风险，一旦目标市场突然发生变化，如消费者兴趣发生转移，或强大竞争对手进入，或新的更有吸引力的替代品出现，都可能使企业因没有回旋余地而陷入困境。

（三）跨境电商目标市场定位内容

在同类产品或服务项目较多且供应竞争比较激烈的情况下，企业向目标市场推出产品或服务项目时需要进行市场定位。市场定位是指产品定位，指根据竞争者现有产品在细分市场上的地位和消费者对此产品的重视程度，将与众不同的具有鲜明个性的本企业产品推广给目标消费者，使该产品在细分市场上占有强有力的竞争位置。企业在进行市场定位过程中一定要了解竞争者产品的市场定位。市场定位的基本参数包括价格、档次两大方面。不同的产品和服务可以采用更具体的参数或技术标准，如价格、使用成本、质价比和保值性、功能、质量、外观、使用方法和服务保障等。

在跨境电商市场中，定位内容可以简单分为网站类型定位、消费者服务定位和服务半径定位三种。

1．网站类型定位

目前，网站类型主要有宣传型网站和交易型网站两种。宣传型网站主要介绍企业的经营项目、产品信息、价格信息、广告宣传信息等，不具备交易功能。交易型网站不仅介绍企业的经营项目、产品信息、价格信息、广告宣传信息等，同时还提供交易平台，买卖双方可以在线相互传递信息，实现网上洽谈、网上订货、网上支付等。

2．消费者服务定位

企业网站主要用于满足网上消费者的需求，企业应根据消费者的不同需求定位网站，如信息查询、提供咨询服务、提供订购服务等。

3．服务半径定位

根据网站的服务内容不同，划定网站的服务区域，即服务半径，如国际型、全国型、地区型。理论上，网络营销无时空限制，但受客观条件的限制，是存在服务半径的。

（四）跨境电商目标市场定位策略

跨境电商目标市场定位策略是一种竞争策略，体现出同类产品生产企业之间的一种竞争关系。定位的方式不同，竞争态势也不同。跨境电商目标市场主要有以下几种定位策略。

1．针锋相对式定位或迎头定位

这是一种与市场上占支配地位的竞争对手"对着干"的定位策略，风险相对较高。它把企业的产品或服务定位在与竞争对手相似或相近的位置上，同竞争对手争夺同一细分市场。实行这种定位策略的企业，必须具备以下条件：能比竞争对手提供更好的产品和服务，该市场足以容下两个以上的竞争产品和服务，比竞争对手有更多的资源和更强的实力。企业采用这种定位策略，产品和服务的市场进入难度很大，需要一定的时间，在定位前一定要经过周密的市场分析与预测。例如，在碳酸饮料市场上，可口可乐与百事可乐之间持续不断地争斗；在摩托车市场上，本田和雅马哈持续竞争等。实行这类市场定位的企业需要充分了解竞争对手的情况，并准确估计自身的实力才能取得成功。

2．填空补缺式定位

这种定位策略即寻找新的尚未被占领的，并有很好潜力，为许多消费群体所重视的市场进行定位。通常在两种情况下适用这种定位策略：一是这部分潜在市场即营销机会没有被发现，在这种情况下，企业容易取得成功；二是许多企业发现了这部分潜在市场，但无力占领，这时只有具有足够实力的企业才能取得成功。

3．另辟蹊径式定位或避强定位

这是一种避开强有力的竞争对手的市场定位策略。这种定位策略能使企业迅速在市场上立足，风险较小，成功率高，为多数企业的首选。当企业意识到自己无力与强大的竞争对手相抗衡时，就可以根据自己的条件取得相对优势，即突出宣传自己与众不同的特色，在某些有价值的产品和服务上取得领先地位。例如全球著名的电子商务平台亚马逊，它拥有一流的物流配送体系和良好的服务，成为电子商务平台的领先者。

4．心理定位

心理定位是指企业从消费者需求心理出发，积极创造自己产品的特色，以自身突出的优点进行定位，从而达到在消费者心目中留下特殊印象和树立市场形象的目的。心理定位应贯穿产品定位的始终，无论是初次定位还是重新定位，抑或是对峙性定位或者回避性定位，都要考虑消费者需求心理，赋予产品更新的特点和突出的优点。

▌三、任务实施

以 5～6 人一组组成跨境电商市场分析团队，针对任务二中选择的产品大类和产品品种，进行跨境电商目标市场定位。

步骤一：以全球速卖通为例，选择各个产品大类（如女装服饰、手机配件、计算机办公、珠宝手表、家具园艺、婴幼儿玩具、户外运动、美容健康、汽车摩托等）中的一个产品种类。

步骤二：在任务二市场细分的基础上，定位该产品的目标市场和特定细分市场。

步骤三：根据定位的目标市场制订相应的营销计划。

步骤四：分析调研结果后，撰写总结，并完成表 3-4。

表 3-4 定位跨境电商目标市场

产品大类	产品种类	目标市场	特定细分市场	营销计划
总结				

▌四、知识拓展

阅读材料：品牌差异化和市场定位

实施品牌差异化有助于在市场上立足。品牌差异化是规定品牌的实体，使之与其他品牌相比存在巨大差异。差异的意思是"跟竞争品牌不一样"，跟竞争品牌的差异越大，给消费者的印象越深。品牌差异化不仅是品牌的一种选择，而且是品牌能够长期生存的关键因素。

为了使消费者对品牌有差别认知，品牌需要先定位自己的差异性。以前的差异性只是追求产品自身的差异性，包括产品的功能、成分、大小、外观设计、包装、色彩、价格等，通过产品自身的差别谋求跟竞争品牌的区别。但是，人们渐渐明白产品的品质不是确保具有竞争优势的要素，品质已经成为品牌在市场上生存的必要条件，这意味着品质的普遍化，且大多数产品已经保持了好的品质。怎么解决产品自身或品质很难体现差异化的情况？答案是品牌差异化。品牌有概念，在开发和企划符合品牌的概念的过程中，对外告知的是品牌的构成要素，通过这些要素授予品牌拟人化的性格，创造品牌的个性或关系。以这些要素为本，能做成品牌资产。目前，在激烈的市场竞争中，区别胜败的关键要素就是品牌。

如何实现差异化？具体来说，首先要考虑的是明确差异化的品牌概念。品牌概念（Brand Concept）是概念也是本质、特点，是一家企业通过品牌创造和要向目标市场传达的特定意思。其次为了实现差异化要进行品牌市场定位，而进行品牌市场定位需要企业有明确的品牌概念。

五、同步拓展

① 跨境电商目标市场定位与品牌差异化之间有什么联系？

② 跨境电商目标市场定位的内容包括哪些方面？

📖 项目总结 ●●●●●

本项目主要介绍了如何分析跨境电商消费者、细分跨境电商市场、定位跨境电商目标市场等内容。分析跨境电商消费者是进行跨境电商市场细分与定位的前提和基础，跨境电商企业在全球网络市场条件下，通过搜集与分析信息了解消费者需求，按照一定的标准进行跨境电商市场细分，在细分的基础上定位目标市场，从而顺利地开展跨境电商营销活动。

项目四

搜索引擎营销

项目情境引入 ↓

　　在谢尔盖·布林和拉里·佩奇创建 Google 之前，两人曾写过一篇论文。在论文中，他们对搜索引擎上的广告的适宜度提出疑问，他们在这篇论文中写道："从消费者的角度来看，有些人可能会认为，搜索引擎越好，消费者需要的广告就越少。"

　　2017 年 4 月，Google 的母公司 Alphabet 公布的财报显示，和 Google 搜索相关的广告空间对广告主来说仍是网络中十分具有价值的土地。自 Google 在搜索结果的上方引入基于文本的广告以来，这家公司已经给广告分配了很多空间，并创造了各种新形式的广告。

　　零售商和品牌商或许觉得自己除了花钱做搜索广告之外别无选择，其实这样做也确实收获了较好的效果。Target 营销高级副总裁指出，搜索广告在她的数字支出中占据了较大的比例，因为此类广告很有用，而且更有意义了。

项目任务书 ↓

项目任务书如表 4-1 所示。

表 4-1 项目任务书

任务编号	分项任务	能力目标	知识目标	素质目标
任务一	认识搜索引擎营销的内涵与特点	能为跨境电商企业进行搜索引擎营销前期调研	1. 了解搜索引擎的工作原理 2. 熟悉搜索引擎营销的定义及选择技巧 3. 熟悉搜索引擎营销的特点 4. 掌握搜索引擎营销的推广手段	1. 树立较强的市场意识、创新意识 2. 培养严谨细致、精益求精的"工匠精神" 3. 感悟全世界休戚与共、命运共同体的理念
任务二	搜索引擎关键词广告	能为企业实施搜索引擎关键词竞价排名广告	1. 了解关键词广告的原理 2. 熟悉关键词竞价排名广告流程 3. 掌握 Google 关键词广告投放相关内容	
任务三	搜索引擎优化	能对企业网站实施搜索引擎优化	1. 了解搜索引擎优化原理 2. 熟悉搜索引擎优化的特点 3. 掌握搜索引擎优化策略	
任务四	分析搜索引擎营销方案	能够分析企业搜索引擎营销方案	掌握搜索引擎营销方案的分析	

任务一 认识搜索引擎营销的内涵与特点

一、任务描述

搜索引擎营销是基于搜索引擎平台的网络营销，跨境电商企业利用用户对搜索引擎的依赖和使用习惯，在用户检索信息的时候将企业和产品信息传递给用户。搜索引擎营销的基本思想是让用户发现信息，并点击进入网页，进一步了解所需要的信息。任务一主要介绍搜索引擎的定义和工作原理、搜索引擎营销的定义、选择技巧和特点以及搜索引擎营销的推广手段。

二、相关知识

（一）搜索引擎的定义

搜索引擎（Search Engine）是指根据一定的策略、运用特定的计算机程序从互联网上搜集信息，在对信息进行组织和处理后，为用户提供检索服务，将与用户检索相关的信息展示给用户的系统。搜索引擎包括全文索引、目录索引、元搜索引擎、垂直搜索引擎、集合式搜索引擎、门户搜索引擎与免费链接列表等。

（二）搜索引擎的工作原理

搜索引擎的工作流程非常简单。很多人都误认为搜索引擎返回的结果是动态的结果，其实搜索引擎的工作原理是提前抓取内容，然后经过一系列算法筛选之后将内容放入数据库，用户查询时就立即对索引数据库进行查找，然后反馈给用户准确的关键字查询结果。

1．搜集信息形成快照

网页快照收录是指搜索引擎通过网络爬虫（Spider）在互联网上抓取页面并进行存储形成快照（见图 4-1）的过程，它为搜索引擎开展各项工作提供了数据支持。理论上，若网页上有适当的超链接，网络爬虫便可以遍历大部分网页。

图 4-1 "HUAWEI 官网"Google 快照

2．整理信息建立索引

普通用户看页面，看到的都是文字、图片等一些直观信息，但是搜索引擎看的是源代码，而且会根据这些源代码确定网页的重要信息。确定重要信息是搜索引擎建立网页索引的一个步骤。

搜索引擎整理信息的过程称为"建立索引"。搜索引擎不仅要保存搜集的信息，还要将它们按照一定的规则进行编排。这样，搜索引擎不用重新翻查它所有保存的信息就能迅速找到所要的资料。

3．接受查询任务并返回资料

搜索引擎会根据同义词典和潜在语义进行拓展查询检索项。例如，搜索引擎会将"宠物"和"狗狗"、"藏獒"和"犬"、"人民"和"百姓"当作同一个概念进行处理。另外，搜索引擎在查询的时候，还会根据主题进行归类。例如当查询"SEO"的时候，系统会自动将"网络营销""搜索引擎优化""网站优化"等都归为一个主题进行处理。

用户向搜索引擎发出查询任务，搜索引擎接受查询任务并向用户返回资料。搜索引擎每时每刻都要接到来自大量用户的几乎同时发出的查询任务，它按照每个用户的要求检查自己的索引，在极短时间内找到用户需要的资料，并返回给用户。目前，搜索引擎返回的信息主要是以网页链接的形式提供的。

（三）搜索引擎营销的定义及选择技巧

1．什么是搜索引擎营销

搜索引擎营销（Search Engine Marketing，SEM）是目前应用十分广泛、时效性较强的一种网络营销推广方式。它利用搜索引擎的特点，抓住用户

小资料

搜索引擎常用术语

使用搜索引擎检索信息的机会，配合一系列技术和策略，将更多的企业信息呈现给目标用户，从而使企业获取盈利。搜索引擎营销是以关键词搜索为前提，以获取盈利为目标的一种营销推广方式，被广大的跨境电商企业作为首选的营销推广策略。

例如，查看全球速卖通网站在搜索引擎 Google 中的表现，假设用户在搜索栏中输入关键字"aliexpress"，出现在搜索结果第一条的是全球速卖通官方网站，从"Ad"（广告）字样可以判断出是通过关键词竞价排名广告而在搜索结果里排名第一；第二条搜索结果则是因为其网站结构和内容描述与搜索关键词一致。"aliexpress"Google 搜索结果如图 4-2 所示。

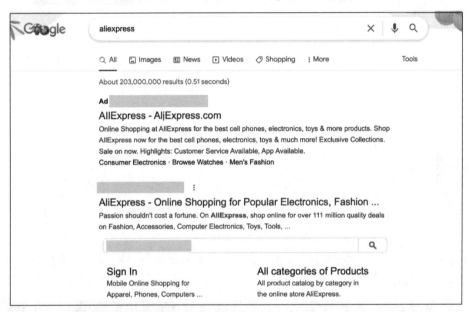

图 4-2 "aliexpress"Google 搜索结果

2．搜索引擎选择技巧

如果跨境电商企业想要开拓国际市场，搜索引擎排名将直接影响营销推广效果。众多企业多年的境外推广经验表明，选择更大型的搜索引擎进行营销能够让企业获得更佳的推广效果。如果搜索结果排名靠前，企业将比竞争对手更早一步吸引到目标客户，进一步扩大外销渠道，从而实现企业利益最大化。

① Google。

Google 被公认为是全球最大的搜索引擎（见图 4-3），创立于 1998 年 9 月 4 日，由美国斯坦福大学两名学生谢尔盖·布林和拉里·佩奇共同创建。这家位于美国的跨国科技企业，业务包括互联网搜索、云计算、广告技术等，同时开发并提供了大量基于互联网的产品与服务，其主要利润来自 AdWords 等广告服务。

图 4-3 Google 搜索引擎首页

2022 年 1—12 月，Google 在全球范围内仍旧以压倒性优势占据了全球 90%以上的市场份额，如图 4-4 所示。可以看出，除了 Google 以外，Bing（必应）和 yahoo!也是主流的搜索引擎，近两年俄罗斯的 Yandex 飞速发展，已经占领俄罗斯及周边国家 95%以上的市场份额。

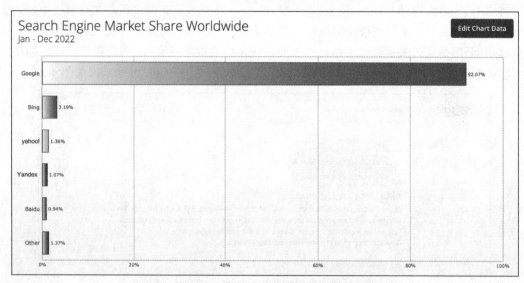

图 4-4　2022 年 1—12 月全球搜索引擎市场份额占比

② Bing。

Bing 是微软公司于 2009 年推出，用以取代 Live Search 的全新搜索引擎服务，如图 4-5 所示。为符合中国用户使用习惯，Bing 中文品牌名为"必应"，意为"有求必应"。

图 4-5　Bing 搜索引擎

作为全球领先的搜索引擎之一，截至 2017 年 12 月，Bing 已成为北美地区第二大搜索引擎，它已深度融入微软所有的服务与产品中。

③ 雅虎。

雅虎（yahoo!，见图 4-6）是美国著名的门户网站，也是全球第一家提供互联网导航服务的网站，提供的服务包括搜索引擎、电邮、新闻等。雅虎是分类目录搜索数据库，也是最重要的搜索服务网站之一。从全球的用户分布看，雅虎虽然占据的市场份额不多，但仍然是美国第三大搜索引擎，在日本也占据很大的市场。

图 4-6　雅虎搜索引擎

④ Yandex。

Yandex（见图 4-7）是俄罗斯重要的门户网站之一，提供搜索、新闻、地图、百科、电子邮件、电子商务、互联网广告等服务。Yandex 搜索引擎因掌握了大量复杂的俄语语法而深受俄罗斯人喜爱，在俄罗斯已占据一半以上的市场份额，超过了 Google。同时，Yandex 也是欧洲第二大搜索引擎。

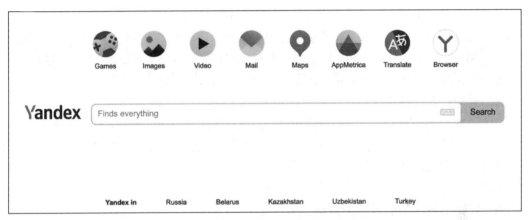

图 4-7　Yandex 搜索引擎

⑤ NAVER。

NAVER（见图 4-8）是韩国著名的门户、搜索引擎网站，于 1999 年 6 月正式投入使用，其 Logo 类似一顶草帽。它使用独有的搜索引擎，并且在韩文搜索服务中独占鳌头。除了搜索服务之外，NAVER 也提供许多其他服务，例如韩文新闻、电子信箱等。在用户进行搜索时，NAVER 会将搜索结果按照网站、新闻、博客、图片、购物等进行分类整理，过滤很多垃圾站点和垃圾信息。

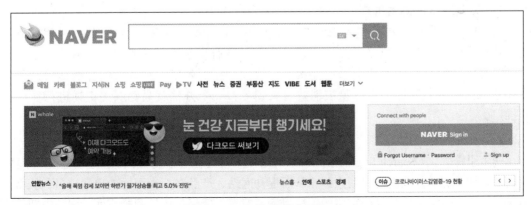

图 4-8　NAVER 搜索引擎

（四）搜索引擎营销的特点

1．以企业网站为基础

一般来说，搜索引擎营销作为网站推广的常用方法，在没有建立网站的情况下很少被采用（有时也可以用来推广网上商店、企业黄页等）。搜索引擎营销需要以企业网站为基础，而企业网站设计的专业性对搜索引擎营销的效果又产生直接影响。

小资料

搜索引擎营销
常用术语

2．以信息为向导

搜索引擎检索出来的是网页信息的索引，一般只是某个网站的简要介绍，或者搜索引擎自动抓取的部分内容，而不是网页的全部内容，因此搜索结果只能发挥引子的作用。如何尽可能将有吸引力的索引内容展现给用户，是否能吸引用户根据这些简单的信息进入相应的网页继续获取信息，以及该网站是否可以给用户提供所期望的信息，这些都是搜索引擎营销需要研究的主要内容。

3．以用户为主导

没有哪个企业或网站可以强迫或诱导用户的信息检索行为，使用什么搜索引擎、通过搜索引擎检索什么信息由用户自己决定，在搜索结果中点击哪些网页也取决于用户的判断。因此，搜索引擎营销由用户主导，最大限度地减少了营销活动对用户的干扰。

4．实现高程度的定位

搜索引擎营销的主要特点之一就是可以对用户行为进行准确分析并实现高程度定位。搜索引擎营销在用户定位方面具有很好的功能，尤其是在搜索结果页面的关键词广告，完全可以实现与用户检索所使用的关键词高度相关，从而增加营销信息被关注的程度，最终达到增强营销效果的目的。

5．以网站访问量的增加为效果

搜索引擎营销的目的就是获得访问量。将搜索引擎营销作为网站推广的主要手段，至于访问量是否可以最终转化为收益，不是搜索引擎营销可以决定的。这说明，提高网站的访问量是搜索引擎营销的主要内容，但不是全部内容。

（五）搜索引擎营销的推广手段

搜索引擎营销的推广手段主要有关键词竞价排名推广、搜索引擎优化以及网站联盟广告推广。

1．关键词竞价排名推广

关键词竞价排名推广是搜索引擎营销中的一项重要推广手段。企业通过购买关键词，使企业广告能够呈现在消费者搜索结果的上端、下端及右侧。众所周知，消费者在搜索一件产品时，往往会在搜索引擎的搜索栏中输入产品的名字。那么如何才能让自己的企业广告或网站排名靠前，更容易被消费者看到呢？一个办法就是购买关键词进行竞价排名推广。

2．搜索引擎优化

搜索引擎优化（Search Engine Optimization，SEO）的原理很简单，即通过一些技术手段，使网站、产品更容易被消费者搜索到，从而提升网站、产品在搜索页面的自然排名，获得更多流量，达到网站销售及品牌宣传的预期目标。搜索引擎优化包括两个方面，网站内部优化和网站外部优化。网站内部优化是指网站自身对自我结构、关键词、内容、页面元素等进行优化的过程。搜索引擎青睐的是那些结构清晰、运行稳定、速度快的高质量网站，这样的网站才更容易被搜索引擎搜索出来。网站外部优化是指建立高品质的外部链接。

3．网站联盟广告推广

通过自动搜索匹配技术，企业广告可以遍布互联网的各个角落，如门户网站、个人网站、论坛、博客等。企业广告分布的地方应该是访问量大、人气高的网站。只有这样，企业广告推广才能取得明显的成效。在这一方式下，广告主需要做的是，按照自身的需求（即产品、企业性质）设定语言、地理区域、资金预算、投放时间等，然后提交给网站联盟平台。

三、任务实施

以5～6人一组组成跨境 SEM 团队，每个团队分别调研境内八家跨境电商出口企业，分别是傲基电商、有棵树、价之链、赛维电商、海翼股份、百事泰、跨境通、择尚科技。

步骤一：了解企业产品、服务针对哪些目标群体。

步骤二：调研目标群体经常会使用什么搜索引擎。

步骤三：了解目标群体的搜索习惯。

步骤四：分析目标群体最关注产品的哪些特征，完成表4-2。

表4-2　SEM 前期调研分析

企业名称（产品品类）	目标群体	目标群体常用搜索引擎	目标群体搜索习惯	目标群体关注的产品特征
总结				

四、知识拓展

阅读材料：搜索引擎营销局势

（1）每天的搜索量有多少

人们利用互联网搜索引擎进行检索的数据逐年增长，表 4-3 显示了部分搜索引擎每日检索量。

表4-3　部分搜索引擎每日检索量

搜索引擎	每日检索量
Google	4 464 000 000
Bing	873 964 000
Baidu	583 520 803
yahoo!	536 101 505

SimilarWeb 调查报告显示付费搜索仅占所有搜索的 5.05%，而自然搜索占比达 94.95%，这个数据不包含移动端，如图 4-9 所示。

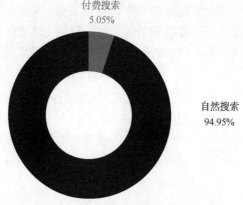

图 4-9　自然搜索和付费搜索占比

（2）点击率会随着排名下降吗

图 4-10 表明广告位置的重要性，在搜索结果中，广告排在第一位的点击率（7.11%）远高于第二位（3.01%）和第三位（2.19%）。因此在结果页面的排名越靠前，自然搜索结果的点击率就越高，这里讨论的是搜索结果页面的第一页。

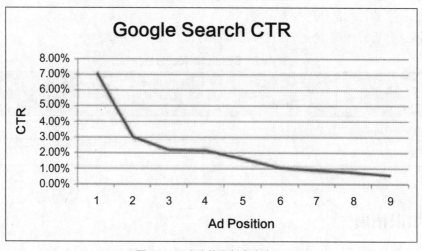

图 4-10　广告位置与点击率

▌五、同步拓展

① 什么是搜索引擎营销？

② 如果你将来从事跨境 SEM 工作，你的岗位职责是什么？你应具备哪些知识与技能？

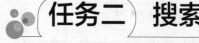

任务二　搜索引擎关键词广告

▌一、任务描述

关键词广告是指用户利用某一关键词进行检索，在检索结果页面会出现与该关键词相关的广告内容。由于关键词广告是在特定关键词被检索时，才出现在搜索结果页面的显著位置，因此其针对性非常高，被称为性价比较高的搜索引擎营销方式。任务二主要介绍关键词广告的原理、关键词竞价排名广告流程以及如何投放 Google 关键词广告。

二、相关知识

（一）关键词广告的原理

关键词广告是付费搜索引擎营销的一种形式，也可以称为搜索引擎广告、付费搜索引擎关键词广告等。它属于 CPC（Cost Per Click）收费制，即按点击次数收取广告费。

关键词广告的原理：当用户利用某一关键词进行检索，在检索结果页面会出现与该关键词相关的广告内容。由于关键词广告具有较高的针对性，其效果比一般网络广告要好。其表现形式主要有以下两种。

1．固定排名

固定排名是指当用户进行关键词检索时，搜索引擎按照企业预先支付的固定排名广告费，在用户检索结果的相关固定位置显示企业的网站。

2．竞价排名

竞价排名，是一种按效果付费的网络推广方式。采用这种方式，用少量的投入就可以给企业带来大量潜在客户，有效提高企业销售额和品牌知名度。竞价排名广告费用按照给企业带来的客户访问数量计费。在这一方式下，企业可以灵活控制网络推广投入，获得最大回报。

一般来说，市场占有率高、企业广告资源丰富的搜索引擎服务商采用竞价排名模式；而市场占有率低、企业广告资源匮乏的搜索引擎服务商采用固定排名模式。

（二）关键词竞价排名广告流程

通过购买关键词，企业能使企业广告呈现在用户搜索结果页面的上端、下端或右侧。实施关键词竞价排名的大致流程如图 4-11 所示。

图 4-11　实施关键词竞价排名的流程

1．目标市场分析

在进行搜索引擎营销之前，首先需要对目标市场进行分析，对于出口跨境电商来说，目标市场分析应该包括消费人群分析、竞争对手分析、产品属性分析。其中，竞争对手分析尤为重要。

① 消费人群分析。

企业通过分析消费人群，了解目标用户在各个购买周期关注点的变化和影响因素，主要有：目标用户在哪些国家和地区，目标用户有哪些购买习惯，目标用户经常浏览哪些网站，目标用户使用哪些方法寻找他们需要的产品和服务。企业分析透这些问题后，营销推广工作

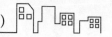

就有针对性了。

② 竞争对手分析。

企业通过一些付费软件获取竞争对手的产品信息和网站信息，从而进行有针对性的定位营销。表4-4是竞争对手分析的内容，图4-12是搜集竞争者信息的主要途径。

表4-4　竞争对手分析的内容

序号	项目	具体说明
1	竞争者名称	不仅包括现有的竞争者，潜在的可能进入市场的竞争者也需要列出
2	每个竞争者的产品概要	包括产品产地、质量、广告、分销模式、促销策略以及客户服务等
3	竞争者的优势与劣势	从用户的角度列出竞争者的优劣势，并分析企业应如何将竞争者的劣势转为自己的优势，以及如何应对对方的优势
4	竞争者的战略与目标	这些信息可能会在竞争者年报中找到，但需要详细分析才能得出
5	市场机会	判断市场是否不断扩大并有足够的客源来满足所有的竞争者

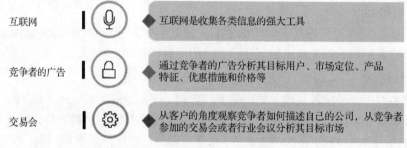

图4-12　搜集竞争者信息的主要途径

③ 产品属性分析。

产品属性，就是产品本身的一些性能特点或产品能做什么，也可以叫产品特征，这是从企业的角度分析的。从消费者的角度出发，产品属性是指消费者能从这个产品中获得什么，即消费者利益。例如洗手液，产品属性之一就是 pH=7，消费者利益就是不刺激皮肤。再如钙片，产品属性之一是片状或粒状，消费者利益就是每天吃一片或一粒，方便实惠。需要注意的是，一个产品的属性与消费者利益往往有很多，但作为广告，一般只突出其一。

2．选取关键词

企业要找到并认识与企业品牌、行业特性、产品线、产品特征和营销活动等相关的关键词，并对这些关键词进行研究，列出所有的词组排列组合。企业在进行搜索引擎营销时，重要的工作是选好关键词，并对关键词建立良好的关联管理。关键词的选取应该从以下几方面入手。

① 行业关键词集合。

搜索行业主关键词，搜索结果在网页前五页的关键词基本上可以涵盖行业的主要关键词。或者查看更多相关搜索，从这里获得行业关键词集合，并做适当筛选。也可以从 Google Trends 获得每个关键词的搜索量情况和地区来源。如果需要更多、更专业的行业关键词，可以采用 Google 关键字规划师。

② 了解目标受众的搜索习惯。

企业应将罗列出的关键词与目标受众的搜索习惯进行对比。跨境电商企业与目标受众交流的第一原则就是使用目标受众所在地区的通用语言。例如，以北美地区的热门搜索关键词

"Phone"为例，根据 Google 的搜索结果，"Mobile Phone"这一专业的关键词每天有几万次搜索，而口语化的"Cell Phone"则每天有近千万次搜索。显然，"Cell Phone"这一关键词更符合目标用户的搜索习惯。

③ 切勿过于热门。

有的企业选择的关键词在搜索引擎里过于热门，如销售包的企业用"Bag"作为关键词，销售鞋的企业用"Shoes"作为关键词。一方面，像这样热门的关键词，企业要花费大量的资金进行竞价；另一方面，搜索这类关键词的用户的目的并不明确，因此给企业带来效益的可能性较小。理想的关键词具有搜索量大、竞争小的特点。

④ 根据竞争对手的词汇选择关键词。

企业还应时刻了解在搜索引擎上的行业竞争状况。企业要牢记的是，应该全面了解每个关键词的广告效果，所选择的每个关键词都应是一个精准的广告，企业对每一个广告的绩效指标（包括覆盖率、点击率、转化率）也应该一清二楚。

⑤ 对成型的关键词进行分组。

企业应根据不同营销目标和阶段对关键词采用不同的分组方式，灵活把握营销的进度和效果。以 Expedia 为例，该企业在北美四大搜索引擎（Google、雅虎、Bing、Ask）上共有300 万个关键词投放，并按国家、地区、城市、航空公司、酒店级别等进行了详细分组。

⑥ 对关键词进行持续的调整和优化。

企业在实时了解每个关键词绩效的基础上，还要对关键词进行持续的调整和优化。搜索引擎营销是互动营销，因此必须根据用户对品牌和产品认知情况的变化、消费需求和行为的变化实时更新优化，这种优化同时还能为企业线上和线下的其他营销活动起到决策支持作用。

另外，创新性的投放尝试应当得到鼓励。跨境电商企业只有不断尝试和探索，才能找到让搜索引擎营销发挥最大价值的方案。

3. 建立广告系列

有了一份比较全面的关键词清单后，便可着手建立广告系列。一个广告账户可以制作多个广告系列，每个广告系列包括若干个广告组。将词性结构类似且语义相近的关键词（通常10 个左右）集中在一起，形成一个广告组。基于广告组里的关键词，制作对应的广告语并确定着陆页。对于广告着陆页，要让用户点击之后可以直接看到相应的产品或服务信息。

4. 竞价投放

有了广告系列，就可以竞价投放了。根据 Google 算法，广告排名值=竞价×质量评分。因此，如果质量评分不高，即使出价很高，排名也不一定靠前。质量评分与关键词的相关性及点击率、广告的相关性及点击率、着陆页的相关性及加载速度、账户使用时间等因素有关。

5. 反馈分析

竞价投放之后，需要对广告效果进行反馈分析。通过安装 Google Analytics 跟踪代码，可以得到很多免费分析报告，并衡量广告的投资回报率。此外，也可以通过分割测试筛选出更有效果的关键词、广告等。最后，根据反馈分析结果，对账户关键词、广告组和广告系列及竞价进行持续优化，以得到更好的投放效果。

需要注意的是，广告实际支付额并不等于广告竞价额。具体公式为：实际支付额=后一名广告排名值÷自身质量评分+0.01 美元。假如市场上有三家跨境电商企业投放 Google 关键词竞价排名广告，根据它们的竞价和质量评分（见表4-5），可以计算出相应的广告排名值和实际支付额。

表 4-5   三家企业的广告竞价和质量评分

公司	竞价/美元	质量评分	广告排名值 （竞价×质量评分）	实际支付额 /美元
A	5	45	225	$72 \div 45 + 0.01 = 1.61$
B	8	9	72	$30 \div 9 + 0.01 = 3.34$
C	6	5	30	最低竞价额 0.05

显然，A 公司虽然竞价最低，但因为质量评分高，所以排名第一，而且实际支付额仅 1.61 美元，远低于排名第二的 B 公司。C 公司排名最后，仅需要支付最低竞价额 0.05 美元。因此，在竞价相差不大的情况下，广告排名值越大，实际支付额越少。

（三）Google 关键词广告投放

Google 将它的 SEM 广告项目品牌命名为 "Google 关键词广告"。Google 关键词广告是一种通过使用 Google 与关键词相关的广告来推广网站的付费网络推广方式，可以选择包括文字、图片及视频广告在内的多种广告形式，是企业常用的关键词广告方式。

1. 广告系列类型

广告系列类型（见图 4-13）用于确定用户将在哪里看到广告，企业可以通过广告定位选择更具体的广告展示位置。例如，如果想要在 Google 上展示广告，吸引更多用户访问网站，那么应该选择搜索广告系列。企业可选择不同类型的广告系列，以满足不同目标。

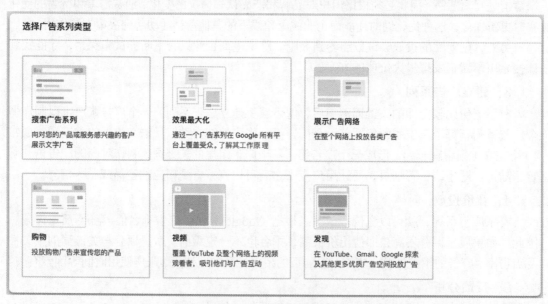

图 4-13   广告系列类型

① 搜索广告系列。

搜索广告系列是可在搜索结果中投放的文字广告，可在用户使用 Google 搜索商家提供的产品和服务时吸引他们。这种广告系列有助于提高销量、增加潜在客户数量和网站流量，因为它主要面对的对象是正在搜索产品和服务的用户。

如果用户搜索与广告的关键词相关的字词，搜索广告系列的广告就会在 Google 搜索结果旁边和其他与 Google 相关的网站上展示。例如，一家销售婚纱的网店投放了搜索广告，

当潜在客户搜索 "Wedding Dress" 时，搜索广告系列将向他们展示该店铺的文字广告。搜索广告系列的工作原理是根据用户搜索的字词或词组将广告与搜索结果页进行匹配。

② 效果最大化广告系列。

效果最大化广告系列是一种以目标为导向的新型广告系列。借助这种广告系列，效果导向型广告客户只需制作一个广告系列，即可利用所有 Google 关键词广告资源。效果最大化广告系列可根据特定的转化目标提升效果，借助智能出价跨渠道实时优化广告效果，从而增加与提高转化次数和转化价值。

③ 展示广告网络广告系列。

展示广告网络由两百多万个网站、视频和应用组成，可展示商家投放的广告。展示广告网络覆盖了全球 90% 以上的互联网用户。借助展示广告网络，商家可以使用定位功能以多种方式展示广告，包括在特定的上下文（例如户外活动）中展示广告、面向特定的受众（例如年轻母亲或想买新车的用户）展示广告，以及在特定的位置展示广告等。

④ 购物广告系列。

购物广告分为产品购物广告和橱窗购物广告两种。购物广告不是单纯的文字广告，还包含商家产品的照片、名称、价格、商店名称等更多内容。购物广告让用户在点击广告前就可以充分了解商家销售的产品，可为商家带来更优质的潜在客户。

⑤ 视频广告系列。

通过视频广告系列，商家可以单独展示视频广告，也可以在 YouTube 上以及其他视频内容中展示视频广告。现有的视频广告格式包括 TrueView 插播广告、TrueView 视频发现广告和导视广告。

⑥ 发现广告系列。

发现广告系列借助各种 Google 信息流，包括 Google 的受众和用户意向信号，可以提供高度直观、极具吸引力的个性化广告体验，覆盖 30 亿个用户，以内容更丰富、相关性更高的广告吸引用户互动。

2．广告组

图 4-14 表达了广告系列、广告组和广告之间的关系。每个广告系列都可以包含一个或多个广告组，而每个广告组中都有广告，广告涉及关键字和出价。通过广告组，商家可以按共同的主题（例如想要宣传的产品或服务的类型）组织广告。一个广告组包含一个或多个广告以及一组相关的关键字。要想获得最佳效果，需尽量让一个广告组中的所有广告和关键字均围绕一种产品或服务。

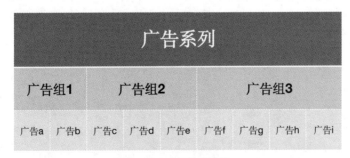

图 4-14　广告关系结构

3．自适应搜索广告

自适应搜索广告简化了搜索网络广告的制作和管理流程，能根据客户的搜索内容，向他们投放合适的广告。自适应搜索广告利用机器学习技术，将提供的标题和广告内容描述搭配成不同的组合，并自动进行测试，以此了解哪个组合的效果最佳。下面列举一则在搜索网络中投放的自适应搜索广告（见图 4-15），此类广告由三个部分组成：标题文字、显示网址和广告内容描述文字。

图 4-15　自适应搜索广告

自适应搜索广告目前最多可以编写 15 个标题（每个标题不超过 30 个字符）和 4 个广告内容描述（每个广告内容描述不超过 90 个字符），这些编写的内容叫"素材"。Google 关键词广告会根据用户搜索的关键词、用户行为等条件因素，分析用户搜索的意图，进而将广告主设置的素材进行组合，使之更加贴近用户的搜索目的，最终展示出来。由于是对所有素材进行组合，因此素材编写得越多，组合的可能就越大，展示概率也就越大。此外，也可以固定某一素材的展示位置。

广告内容描述是用来突出产品或服务细节的，应避免在广告内容描述中使用宽泛的用语，建议使用具体的号召性用语和一些有吸引力的词语等。例如一家卖电竞椅的网店，可在广告内容描述中加入"Buy Gaming Chair"。如果是提供服务的商家，则可以加入"Get Quotes Online"等内容。

当输入以上信息后，移动版本和桌面版本广告将即时显示在"预览"栏目中；同时，在制作或修改广告时，广告效力评分会随着广告素材资源的填入而发生动态变化，以帮助广告主完成最佳效果的广告制作。广告效力如图 4-16 所示。

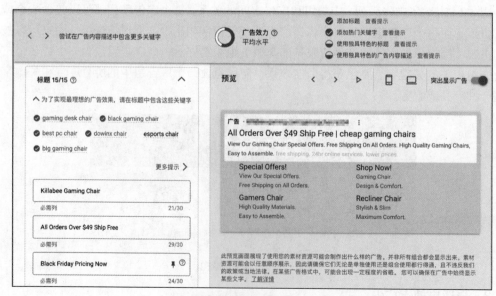

图 4-16　广告效力

4．管理和优化广告

建议先用一周的时间对 Google 关键词广告活动进行测试。这种测试可以让商家有充分的时间对所发布的广告进行监测，评估所收集的数据。另外，建议在投放广告的第一周设置一个比较高的每日预算值，以测试广告的效果。广告在哪天运行，以及每天的运行时间段都会影响点击率。

小资料

如何撰写成功的搜索广告文案

了解目标人群习惯的上网时间可以提高广告的曝光率与点击率，使广告活动更容易获得成功。建议在投放广告的第一周让广告 24 小时运行，然后通过 Google 关键词广告数据工具了解广告在什么时候可以获得最高的回应率。一旦知道了最佳的运行日期与时间段，就可以使用广告时段管理工具对广告运行的时间进行调整，从而节约成本，提高广告的效率。

① 广告账户数据监控。

在概览中，可以通过观察数据指标了解广告账户下所有广告的表现状况，用户可以自主选择指标显示在图表中（见图 4-17），包括点击次数、转化率、费用、点击率等指标。

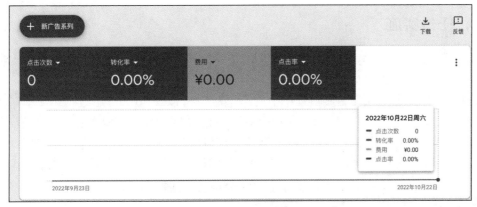

图 4-17 数据指标变化图表

② 查看广告效果。

单击 Google 关键词广告账户左侧"广告与附加信息"，查看图 4-18 所示的内容就可以了解广告效果。

图 4-18 查看广告效果

③ 查看关键字效果。

单击 Google 关键词广告账户左侧"关键字"，查看图 4-19 所示的内容就可以了解关键字效果：默认情况下，在新账户中不会显示"质量得分"，但可以通过单击"列"图标，然后选择"修改列"，在"属性"设置中启用"质量得分"。

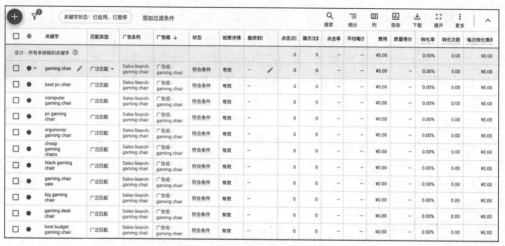

图 4-19　查看关键字效果

三、任务实施

小资料

广告效果数据指标

为了扩大公司和公司网站的知名度，XM 公司打算采用搜索引擎营销进行公司品牌和产品的推广。

请帮助其完成搜索引擎营销过程中相关任务的实施，以 5～6 人一组组成跨境 SEM 团队，每个团队为 XM 公司经营的不同品类各制作一份搜索引擎营销推广方案。

步骤一：每个团队搭建一个 Google 关键词广告账户，并将公司网址提交到搜索引擎。请将向 Google 关键词广告提交推广网站的页面截图和账户注册的页面截图放入表 4-6 中。

表 4-6　广告账户搭建和页面截图

Google 关键词广告提交推广网站页面	
Google 关键词广告账户注册页面	

步骤二：为公司选择广告系列类型中的搜索广告，并选择一个想要达到的目标。完成广告系列名称、地理位置、目标用户使用的语言、出价和预算以及广告投放时间等内容的设置，并将以上信息填入表 4-7 中。

表 4-7　广告系列设置

广告系列类型		
广告系列目标		
合作方式达成目标		
广告系列名称		
出价	着重实现的目标	
	每次点击费用的出价上限	
地理位置		
语言		
细分受众		
广告投放日期和时间	开始日期和结束日期	
	投放时间段（注意时差）	

步骤三：为该广告系列至少设置 3 个广告组，每个广告组都专门针对一种具体产品而创建，填写广告组名称并选取相关的关键词填在表 4-8 中。

表 4-8　设置广告组

广告组名称			
关键词			

步骤四：使用关键字插入功能，制作有吸引力的文字广告，在表 4-9 中填写最终到达网址、标题文字、"显示路径"字段中的文字以及广告内容描述，注意不要超过字符数限制。

表 4-9　撰写搜索广告文案

最终到达网址	
标题文字（最多 15 个，用逗号隔开）	
"显示路径"字段中的文字	
广告内容描述（最多 4 个）	
附加信息	

步骤五：出价优化，假设 XM 公司和 B、C、D 四家企业都购买了同一个关键词，表 4-10 显示了它们的企业出价及质量度。如果广告排名由企业出价与质量度的乘积决定，那么这四家企业的广告排名是怎么样的？根据推广点击价格算法，分别计算出四家企业的实际支付额，并将结果填入表 4-10 中。

表 4-10　出价和关键词质量

企业（账户）	企业出价/美元	质量度	质量评分	广告排名	实际支付额/美元
XM 公司	2	0.97			
B	1.8	1.12			
C	1.5	0.8			
D	1.45	1.2			

步骤六：经过一个星期的 Google 关键词广告活动运行测试，监测到广告账户的相关数据，如表 4-11 所示。

表 4-11　广告账户数据

关键词	点击量	费用/美元	转化量	转化率	平均转化成本/美元
关键词 1	14 214		275		53.48
关键词 2			31	0.29%	215.97
关键词 3	9 809	1.998		1.2%	

（1）计算表 4-11 中缺失的数据。

（2）针对 Google 关键词广告账户优化，给出关键词的出价调整建议。

四、知识拓展

阅读材料：Google 关键字规划师

关键字是人们在茫茫的互联网大海里捞取所要信息的线索。用户借助于搜索引擎，能够轻而易举地通过关键字找到互联网上与其匹配的信息，包括文字、图片、动画、声音、视频等。从个人角度，如果想要购买一样东西，只要输入符合该东西特点的关键字并进行搜索，搜索引擎就能给出与关键字匹配的网页，用户就能找到想要的东西；从商家推广角度，准确找到用户用来查找的关键字，成为取胜的手段。为此，Google 提供了专门的工具来帮助商家寻找有价值的关键字，即关键字规划师。

登录 Google 关键词广告账户，在"工具"菜单下找到"关键字规划师"，其页面如图 4-20 所示，具体的功能介绍如下。

图 4-20　关键字规划师页面

（1）发现新关键字。

此选项有助于为新广告系列寻找关键字，或扩展现有广告系列的关键字列表，关键字方案预测如图 4-21 所示。

图 4-21　关键字方案预测

（2）获取搜索量和预测数据。

如果已有一个关键字列表，则可以手动输入这些关键字，或将其作为 CSV 文件上传，从而获取关于这些关键字搜索热度的参考提示。例如，输入一组关键字，然后获取搜索量统计数据（见图 4-22），也可以将关键字划分到各个广告组中。

图 4-22　获取搜索量统计数据

五、同步拓展

① 利用 Google 关键字规划师，组合现有的多个关键字列表以获取新的关键字提示和效果预测。

② 利用 Google 关键字规划师，扩展现有广告系列的关键字列表，可以寻找搜索量不太高但针对性较强的关键字（即长尾关键字），它们更有可能带来转化量。

任务三　搜索引擎优化

一、任务描述

搜索引擎优化是一种利用搜索引擎的搜索规则提高网站在搜索引擎内的自然排名的方式，包括网站内容的优化、结构的优化、网站外部的优化等。任务三主要介绍搜索引擎优化的原理、特点和优化策略。

二、相关知识

（一）搜索引擎优化原理

搜索引擎优化（Search Engine Optimization，SEO）是指根据搜索引擎对网页的检索特点，让网站建设各项基本要素遵守搜索引擎的检索原则并且对用户友好，从而尽可能多地获得搜索引擎的收录，并在搜索引擎自然检索结果中排名靠前，最终达到网站推广及品牌建设的目标。搜索引擎优化的过程是逆向推理过程，即建设符合搜索引擎索引排序算法的网站结构、内容、代码以及外部链接达到预先设定的排名目标，通过排名获取流量达到营销推广的目的。

（二）搜索引擎优化的特点

1．搜索引擎优化的优点

① 成本较低。

搜索引擎优化是一种免费的搜索引擎营销方式，对于个人网站而言，只要掌握一定的搜索引擎优化技术就可以达到营销目的；对于企业而言，只要聘用专业的技术人员或者让代理公司进行代理优化即可，而网站优化的费用相比竞价广告要低得多。

② 稳定性强。

用正规搜索引擎优化手法做好了排名的网站，只要维护得当，排名的稳定性非常强，甚至数年都不会变动。

③ 精准度高。

搜索引擎优化获得的用户精准度比广告推广获得的用户精准度高很多，因此转化率也更高。

④ 不用担心无效点击。

通过正规搜索引擎优化技术所优化的网站的排名效果比较稳定，是自然排名，企业不会按点击付费，不论竞争对手如何点击，企业都无须支付费用。

⑤ 所有搜索引擎通用。

搜索引擎优化最大的好处就是所有搜索引擎通用，即便企业只针对 Google 进行优化，但在其他搜索引擎中（如 Bing、雅虎）的排名都会相应地提高，会在无形中带来更多的有效访问者。

2．搜索引擎优化的缺点

① 见效较慢。

通过搜索引擎优化获得排名是无法速成的，一般难度的词需要 2～3 个月的时间，如果是难度更大的词，则需要 4～5 个月甚至更久，建议在销售淡季进行网站优化工作，这样在销售旺季排名就基本稳定了。

② 排名具有不确定性。

由于不同搜索引擎对排名有不同规则，有可能在某天某个搜索引擎改变了排名规则，那么企业网站原有的排名位置就会发生变动，这是很正常的现象。

③ 排名位置在竞价排名之后。

这是由搜索引擎的规则决定的，自然排名的网站所在的位置在竞价排名的网站之后。

（三）搜索引擎优化策略

1．关键字优化

① 关键字选取。

选取潜在客户在搜索产品时可能会使用的关键字，并且该关键字与网站所重点推广的产品、服务、信息密切相关。尽量不要用单一词汇，而是要在单一词汇基础上进行扩展，如服装—流行服装—2023 年流行服装。最好的关键字是那些没有被滥用且有很多人搜索的词。一个网页中的关键字不要超过 3 个,网页中的所有内容都针对几个核心关键字展开,这样搜索引擎才会认为该页面主题明确。如果确实有大量关键字需要呈现,可以分散写在多个页面并进行有针对性的优化。

② 关键字密度。

关键字在网页上出现的次数与该页面上其他文字的比例称为关键字密度（Keyword Density）,关键字密度也是搜索引擎优化策略中一个重要的因素。一个网页上通常会有众多的词语,搜索引擎会统计该页面的字数,再利用自身的算法统计页面中每个词的重要程度,当然那些重复出现的词或短语会被认为比较重要。一般情况下,关键字密度应为文本数的 2%～8%,切记避免关键字堆砌。

③ 关键字分布。

关键字要放在有价值的地方,以吸引搜索引擎的注意。搜索引擎会更关注网页中某些特定位置,处于这些位置的词语比处于其他位置的词语重要得多。表 4-12 列举了关键字分布位置说明。

表 4-12 关键字分布位置说明

关键字分布位置	说明
标题标签和 Meta 标签	标题标签是网页中最重要的标签,通常它是网页中最先被看到的部分;而 Meta 标签包含网页的一些隐藏信息
URL 文本	URL 即统一资源定位符,如在该网页 URL 中直接出现关键字,对搜索引擎排名会产生很大的影响。这样的关键字被称为"URL 文本"
页首、页尾和段首	网页顶部的文本、底部的文本,以及每段开头的内容,都是关键句或导航条
锚文本	锚文本又称锚文本链接,锚文本实际上建立了文本关键字与 URL 链接的关系。锚文本中出现的关键字一定要跟所链接网页直接相关,并且通常是搜索量较大的描述性关键字,尽量避免使用"更多或者点击这里"等无实际意义的词汇
Header 标签	建议在正文标题<H1><H1/>以及<H2><H2/>中出现关键字
Alt 属性	由于搜索引擎不能抓取图片,因此制作网页时在图片 Alt 属性中加入关键字是好办法,这会让搜索引擎认为该图片内容与关键字一致,从而有利于排名

2. 标签参数优化

对搜索引擎友好的网页是静态网页,但大部分内容丰富或互动型网站都不可避免地会采用相关技术语言来实现内容管理和交互功能。搜索引擎优化所强调的技术支持,主要是对特定代码的优化和对动态网页进行静态处理的措施。

以.html 或.htm 为扩展名的 HTML 文档称为静态网页。Meta 标签称为元标签,位于网页的 <head>与</head>中。Meta 标签的用处有很多,目前几乎所有的搜索引擎机器人都通过自动查找 Meta 值给网页分类,Meta 标签是借此判断网页内容的基础。其中重要的是 Description（网站描述）和 Keywords（网站关键字）。此外,一个基本的标签是标题标签,用于提示搜索引擎关于本页的主题。

① 标题标签。

网页优化可以说是从标题开始的。在搜索结果中,每个抓取内容的第一行显示的文字就是该页的标题,同样在浏览器中打开一个页面,地址栏上方显示的也是该页的标题。因此,标题是一个页面的核心。对标题的书写要注意以下问题。

▪ 标题应该准确描述网页内容,简短精练,高度概括,含有关键词。但关键词不宜过多,不要超过三个词组。公司网站的标题通常以"公司名+关键词"为内容,图 4-23 所示的代码来自一家经营棒球卡业务的网站，下文也以该网站为例。这个网站标题中除了列有公司名称外，还列出了公司的三个主要业务：Buy Cards（购卡）、Baseball News（棒球刊物）、Card Prices（卡片估价）。标题标签放置在 HTML 文档的<head>元素中。

```
<html>
<head>
<title>Brandon's Baseball Cards - Buy Cards, Baseball News, Card Prices</title>
<meta name="keywords" content="baseball cards, baseball news, buy cards">
<meta name="description" content="Brandon's Baseball Cards provides a
large selection of vintage and modern baseball cards for sale. We also offer
daily baseball news and events.">
</head>
<body>
```

图 4-23　标题标签示例

- 一个网站上的每个页面标题应具有唯一性，这有助于搜索引擎了解该页面与网站上其他页面的区别，避免为网站所有页面或大量页面使用单一标题。
- 标题应组织成符合语法结构和阅读习惯的短句或短语，避免无意义的词组罗列或在标题中填充不需要的关键字。

② 关键字标签。

关键字提示搜索引擎：本网站内容围绕这些词汇展开。关键字优化的关键是每个词都能在内容中找到相应的匹配，这样才有利于排名，详细的关键字优化技巧见前文。与标题标签一样，关键字标签也位于 HTML 文档的<head>元素中，如图 4-24 所示。

```
<html>
<head>
<title>Brandon's Baseball Cards - Buy Cards, Baseball News, Card Prices</title>
<meta name="keywords" content="baseball cards, baseball news, buy cards">
<meta name="description" content="Brandon's Baseball Cards provides a
large selection of vintage and modern baseball cards for sale. We also offer
daily baseball news and events.">
</head>
<body>
```

图 4-24　关键字标签示例

③ 描述标签。

网站描述用简短的句子告诉搜索引擎和访问者关于该网页的主要内容。在用网站的核心关键词搜索后得到的搜索结果中，描述往往显示为标题后的几行描述文字。描述的重要性一般排在标题和关键字之后，与标题标签和关键字标签一样，描述标签也位于 HTML 文档的<head>元素中，如图 4-25 所示。

```
<html>
<head>
<title>Brandon's Baseball Cards - Buy Cards, Baseball News, Card Prices</title>
<meta name="keywords" content="baseball cards, baseball news, buy cards">
<meta name="description" content="Brandon's Baseball Cards provides a
large selection of vintage and modern baseball cards for sale. We also offer
daily baseball news and events.">
</head>
<body>
```

图 4-25　描述标签示例

描述的书写要注意以下问题。

• 描述应准确总结网页内容,建议出现关键字,但不要仅使用关键字,避免使用"这是一个网页"或"与棒球卡相关的网页"等通用说明。

• 一个网站上的每个页面说明应具有唯一性,如果网站有数千个甚至数百万个网页,可以根据每个网页的内容自动生成描述元标签。

• 遵循简短原则,字符数(含空格)最好不要超过 200 个。

3. 网站层次结构优化

① 导航结构优化。

网站导航对帮助访问者快速找到所需内容非常重要,它也可以帮助搜索引擎了解哪些是网站站长认为重要的内容,如图 4-26 所示。

• 使用面包屑导航。

面包屑导航是位于页面顶部或底部的一行内部链接,可让访问者快速返回上一板块或根网页。许多面包屑导航都将内容最宽泛的页面(通常为根网页)设置为最左边的首个链接,并在右侧列出更具体的板块,如图 4-27 所示。

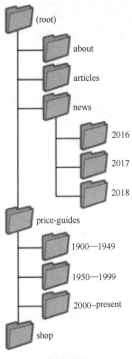

图 4-26 网站导航结构

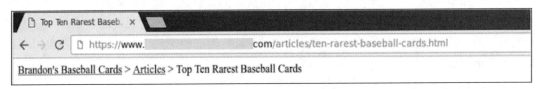

图 4-27 面包屑导航

• 使用网站地图。

网站地图(Site Map)是辅助导航的手段,最初是为用户设计的,以方便用户快捷到达目标页。在网站地图中进行文本链接,可在一定程度上弥补网络爬虫无法识别图片和动态网页造成的不足。网站地图要突出重点,尽量给出主干内容及链接,一页内不适宜放太多链接。

② 网址优化。

简洁的网址易于传达内容信息,如果网址极为冗长,含义模糊,并且包含很少的可识别字词,访问者可能会被吓到。图 4-28 所示的网址就不够友善,并且可能让人感到困惑。

图 4-28 无含义的网址

部分用户可能会将该网页的网址用作定位文字来链接到网页,如果网址包含与搜索内容相关的字词,则与其他无含义的参数相比,能够为用户提供更多有关该网页的信息,如图 4-29 所示。

图 4-29　包含相关字词的网址

4．网站内容优化

对于网站来说，提供高质量的、对用户有益的内容是十分重要的。用户很容易分辨出网站提供的内容是否是高质量的，并且他们也乐意通过各种社交网络向自己的朋友推荐好的网站，这也会提高网站在用户和搜索引擎中的声望，而这一切都离不开高质量的内容。建议网站创建吸引力与实用性兼具的内容，并且撰写容易阅读的内容，有条理地组织内容结构。

5．图片优化

一般情况下，搜索引擎只识读文本内容，对读取图片较困难。同时，识读图片会延缓页面加载时间，如果超过 20 秒网站还不能加载打开页面，用户和搜索引擎极有可能会离开网站。因此，除非网站内容是以图片为主或者图片至关重要，否则尽量避免使用大图片，更不要采用纯图片制作网页。网站图片优化的核心有两点：①增加搜索引擎可见的文本描述；②在保持图片质量的情况下尽量压缩图。

6．链接优化

增加链接数被认为是搜索引擎优化的一个重要方面。根据 PageRank 算法，搜索引擎会认为外部链接较多的网站重要性也较高。链接数量是搜索引擎优化的关键因素之一，链接质量更为重要，不同链接的权重也不相同。从 PageRank 值高的网站引用的链接，会增加网站的 PageRank 值。

① 外部链接（简称"外链"）优化策略。

- 注重外链的质而不是量。

如果忽略链接在源页面中的位置及存在时间，所有外链指向的目标页面也是以平均方式继承源页面的权重。如果页面中存在过多的外链，不但会减少外部目标页面继承的权重，也会给网站内部页面带来致命的打击，甚至会被搜索引擎视为垃圾链接页面。

- 注重外链的相关性。

不是所有的网站都可以做外链，一些与自身网站不相关的外链，对网站优化的效果较差。因此，在选择外链时，要考虑外链所在源页面的主题，即网站相关性问题。外链关系中，如果链接双方页面的主题是相同或相近的，则该链接在提高目标页面相关性方面所起的作用是非常大的。

- 注重外链的多样性。

单一链接对网站的推广作用局限性很大，致使网站全面推广的作用减小，并且单一性的外链形式会导致网站有作弊嫌疑。

- 注重外链的统一性。

这里说的外链的统一性，是指网站关键字以及链接的统一性。有的站长觉得网站关键字设置得越多越好，因此在外链上，多个关键字指向一个链接，致使网站的每个关键字都没有排名。因此，建议在网站优化前期设置 1～3 个关键字，切勿设置过多。

- 注重外链的实效性。

外链的实效性是指网站外链对网站传递的时间长短。很多站长认为自己的外链一旦发布上去就永远有效,这种想法是错误的。对于外链来说,只是一段时间内为网站传递权重,经过一段时间它的意义就会消失,因此,站长要不定期回访外链的网站,看对方的网站是否正常运行,自己的网站是否被取消或出现错误链接,进一步进行整理、改善,使外链更好地为网站服务。

② 外链获取方法。

- 外链工具。

使用外链工具可以将竞争对手网站的外链资源全部列出来,从中筛选优质资源。推荐使用的外链工具是 ahrefs。

- 语法搜索。

intitle 为字符串,inurl 为字符串,使用 intitle:solar 搜索,会将网页标题中包含 solar 的站点全部展现出来;同理,使用 inurl:forum 搜索,会将网站 URL 为 forum 的站点展现出来。两者组合使用,就可以找到与关键字相关的论坛、博客或者其他资源。

- 同行交换。

与手上有资源的同行交换外链资源。采用这种方法的时候需要注意判断交换的是否为垃圾资源,可以用"site:对方网站网址"检查对方网站是否被 Google 收录,如果未收录,不要添加其友情链接,可能这个站点是被搜索引擎开除的,添加其链接可能会给网站带来负面影响。

- 行业人士引荐。

可以咨询相关行业人士,了解他们经常会在哪些站点交流,对于一些不对外开放的站点让其帮忙引荐,这类资源在带来引荐流量方面具有较好的效果。

小资料

外部链接相关术语

- 搜索引擎。

在 Google 等搜索引擎上查询网站的主题。假如是做电竞椅的企业,那就在 Google 上查询"Gaming Chair",观察搜索结果页第一页的网站的反向链接,然后联系这些链接的网站交换链接,或付费与其做单向链接。

三、任务实施

深圳市优篮子科技有限公司(简称"深圳优篮子公司")成立于 2015 年,目前公司旗下有 Ulanzi、UURig、VIJIM 三个品牌。公司专注于手机摄影及相机摄影器材配件的设计、研发、生产。产品涵盖手机、相机等摄影器材配件。目前已研发三脚架、补光灯、手机/相机摄影配件、相机拓展配件、话筒、快装生态、工作室生态、手机生活生态等产品类别。产品畅销境内及远销境外 100 多个国家和地区,已服务全球超过 500 万个用户。

为了进一步开拓国际市场,扩大品牌和公司独立站的知名度,深圳优篮子公司打算采用搜索引擎优化。请帮助其完成搜索引擎优化过程中相关任务的实施,以 5~6 人一组组成跨境 SEM 团队,每团队各制作一份搜索引擎优化方案。

步骤一:调查目前公司独立站(Ulanzi)被搜索引擎收录的基本情况。为了了解公司独立站目前在 Google 搜索引擎的收录情况,便于进行网站优化推广,利用 SEO 工具,将查询到的结果截图放入表 4-13。

表 4-13 公司独立站收录情况

公司独立站	Google 收录情况	反向链接数	PageRank 值	Alexa 排名
Ulanzi				

步骤二：为了进一步打开国际市场，请根据公司产品特点、目标市场的特征以及用户搜索习惯，为公司独立站设计 4 个关键字，并说明设计理由，完成表 4-14。

表 4-14 关键字优化

序号	关键字	设计理由
1		
2		
3		
4		

步骤三：为了让独立站在搜索引擎中的排名靠前，公司打算进行网站优化。首先，请了解公司独立站首页的情况，并对不妥的地方加以改进，完成表 4-15。

表 4-15 公司独立站首页搜索引擎优化

项目名称	独立站首页情况	是否需要改进	改进后
标题			
关键字			
描述			
关键字密度			
网页用户体验整体评价（网页打开速度、导航栏、网站地图、内容更新及时性等方面）			

步骤四：为了提高公司独立站的 PageRank 值，请为公司增加 10 个优质的外链，并将外链网址填入表 4-16 中。

表 4-16 增加的外链网址

序号	外链网址
1	
2	
3	
4	
5	
6	
7	
8	
9	
10	

四、知识拓展

阅读材料：常用搜索引擎优化工具

（1）网站管理员工具。

网站管理员工具需要对网站域名所有权进行验证，通常是通过上传指定文件、增加 Meta 或者修改网站域名系统来验证管理员身份。通过验证后，网站管理员可以查询到自己网站的各类统计信息。

① Google 网站管理员工具。

Google 网站管理员工具可以获取 Google 抓取、编入索引和搜索流量的数据，同时接收关于所存在的问题的通知。

② Bing 网站管理员工具。

Bing 网站管理员工具可以获取 Bing 的搜索查询、索引和搜索流量的数据。

（2）流量查询工具。

流量查询工具用于粗略估算各个网站的流量情况，通常不需要登录即可使用。

① Alexa。

Alexa 作为较具权威性的排名统计平台，能够提供各个网站排名信息、网络流量数据、关键词搜索分析、网站用户统计等功能，Alexa 还提供了简体中文网站服务。

② Similar Web。

Similar Web 是一款可以帮助用户查看网站的真实参与、流量来源和网站排名的 Google 浏览器插件。在谷歌中安装 Similar Web 插件以后，就可以获得深入的流量参与和统计数据，包括网站每月访问量和流量来源（直接、推荐、关键词搜索、社交网络、邮件、广告）、网站排名（行业、国家和全球）、主要使用国家和 10 个热门的付费和有机搜索关键词等。

③ Double Click Ad Planner。

Double Click Ad Planner 的前身是 Google Ad Planner。Double Click Ad Planner 是一款免费的媒体规划工具，可以优化用户的在线广告。该工具提供了各种网站的访问量统计数据，以便广告商能根据访问量知道投放广告的最佳选择。

（3）关键字查询工具。

① Google Trends。

Google Trends（谷歌趋势）是一款基于搜索日志分析的应用产品，通过分析 Google 数据库中的搜索结果，告诉用户某一搜索关键词在 Google 中被搜索的频率和相关统计数据。在 Google Trends 中，用户可直观地看到每一关键词在 Google 全球的搜索量的变化走势，并有详细的国家、地区等显示，也可以比较两个或两个以上关键词的搜索热度情况。

② Google Insights Search。

Google Insights Search（谷歌搜索解析）实际上和 Google Trends 的功能差不多，但是其提供的细节比 Google Trends 更多，更专业。Google Insights Search 可以比较特定区域、类别、时间范围以及搜索资源之间的搜索量。

③ 关键字规划师。

关键字规划师工具可以帮助用户选择关键字并跟踪关键字效果。其可以根据用户指定的关键字自动生成常用同义词及相关词组列表。其流量估算工具还可以估算指定关键字的全球每月搜索量以及本地每月搜索量，适合用于挖掘长尾关键词。

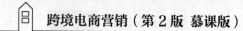
（4）关键字排行工具。

Google Zeitgeist 是 Google 发布的年度关键字排行榜，针对每年 Google 查询进行统计，收集人们关心的关键字。Google Zeitgeist 提供热点关键字的年度列表，还提供不同主题和国家的列表。每日的排行列表目前只有英文版，由 Google Trends 提供。

（5）网站统计工具。

① Google Analytics。

Google Analytics 是 Google 推出的免费分析服务，对网络营销和内容优化提供很多专业报表。

② CNZZ 统计。

CNZZ 统计是境内站长用得较多的统计工具，功能简单实用，适合草根站长。

（6）站长综合类查询工具。

① 站长工具。

站长工具是一个 SEO 综合查询工具，将一些 SEO 查询工具集中在一个页面。

② 爱站网。

爱站网以百度权重查询起家，之后提供了多种站长常用查询工具。

③ 网站历史查询工具。

美国互联网档案馆保存了自 1996 年开始的各类网站的首页截图资料。

┃ 五、同步拓展

以知名跨境 B2C 平台兰亭集势为例，利用搜索引擎优化工具，对其进行搜索引擎优化分析，撰写分析报告，内容主要包括以下几个方面：网站基本情况分析（网站介绍、域名信息、Google PageRank 值、Alexa 排名、搜索引擎收录和流量现状）、网站页面分析（网站导航、404 页面、URL 结构、Meta 信息检测、图片等）、链接分析（外链来源域名及数量、外链相关性、死链接等）以及关键词研究优化等。

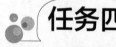 任务四 分析搜索引擎营销方案

┃ 一、任务描述

搜索引擎营销团队在完成了搜索引擎关键词广告和搜索引擎优化的任务后，需要对搜索引擎营销方案进行分析，并撰写分析报告。

┃ 二、案例背景

深圳市亚鼎科技有限公司，自 2005 年成立以来，致力于为客户提供物美价廉的商品、便捷的购物方式和完善的售后服务，打造境内最大的 B2C 外贸公司。图 4-30 所示是公司 dx 网站的访问量概览情况。

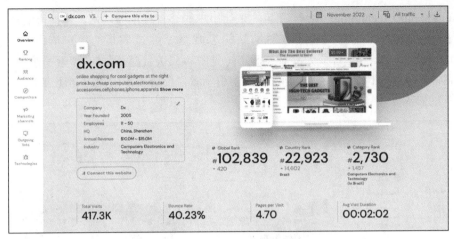

图 4-30   dx 网站的访问量概览情况

公司销售的产品包括计算机及计算机周边、手机及手机周边、玩具、汽车配件、游戏机及周边、服饰、LED 手电等 6 万余种商品，业务范围覆盖 150 多个国家和地区。

旗下 dx 网站已有超过 500 万个境外客户，400 万个活跃客户，平均不到 10 秒便会产生一个电子订单。图 4-31 所示为 dx 的流量渠道。

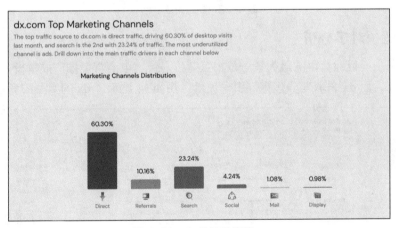

图 4-31   dx 的流量渠道

（一）搜索引擎的选择

dx 选择了多种搜索引擎来被收录和反链，目的是将网站内容的整体权重提高。在互联网里，搜索引擎之间是相关联且资源有可共享成分的，因此 dx 整合了搜索引擎并且很好地利用了营销关联性的优势。图 4-32 是 dx 被各搜索引擎收录的情况和反链数量。

图 4-32   dx 被各搜索引擎收录的情况与反链数量

（二）关键字选择

dx 前期定位关键字选择了 "Consumer Electronics" "Computer and Electronics>Software"

"News and Media>Technology News"，目的是让用户能够直接读懂网站具体销售的产品内容，提高用户与网站内容的黏性和用户对网站的忠诚度。经过多年的用户群体黏性沉淀，"dealextreme"和"dx"已经成为品牌关键字（见图4-33），这对网站在搜索引擎上的权重给予了非常高的认可。因此，企业不能仅将搜索引擎看作广告发布的渠道，还应该重视搜索引擎对品牌的影响。

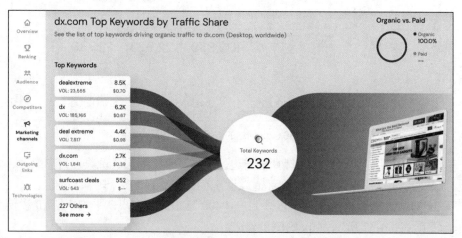

图 4-33　热门关键字

（三）竞争对手分析

搜索引擎上同行业竞争的最大禁忌是相互竞价。跨境电商营销推广成本投入必须处于健康合理的状态，而 dx 采取差异化错位引导流量。图 4-34 显示了 dx 同类型的竞争网站。

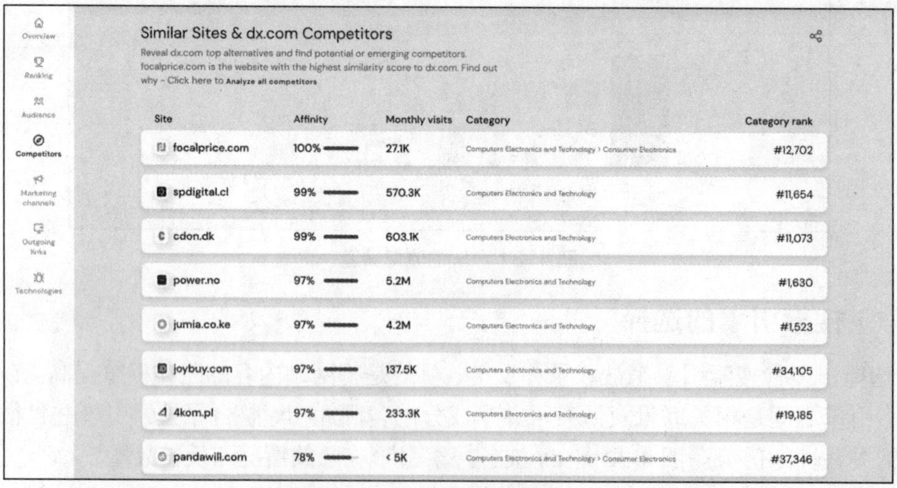

图 4-34　dx 同类型的竞争网站

分析竞争对手流量从三方面出发：流量来源、产品变量因素、市场反馈。

（四）着陆页优化

从 dx 着陆页（见图 4-35）可看出，网站的结构和标签清晰明了，用户能轻易读懂网站内容，网站也做了内链和外链的整体优化。深入分析可发现，网站内容本身隐藏了很多营销策略，将客户分为高、中、低三个层次：低端客户引进是要维护和保持网站的活跃性，通过活跃性提高网站在搜索引擎上的排名；中端客户引进是要以低利润的形式在同行里得到很好的生存空间，并且与其他客户之间产生认知信任度；高端客户引进则是以品牌产品提高品牌网站的层次感，同时还带来了可观的利润收入。

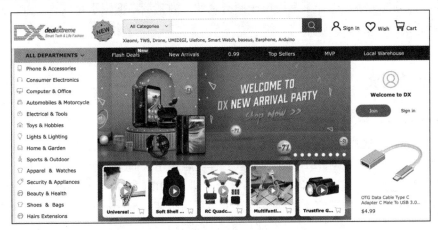

图 4-35　dx 着陆页页面

（五）外链流量引入

dx 在搜索引擎营销上能有这么庞大的流量引入，除了对网站内容本身进行优化以外，还引入站外流量。站外流量引入有利于提高搜索引擎权重，毕竟用户信任网站才会下单购买产品。通过分析，站外流量来源分为两部分：社交媒体（Social Media）和外链（Referral），分别如图 4-36 和图 4-37 所示。

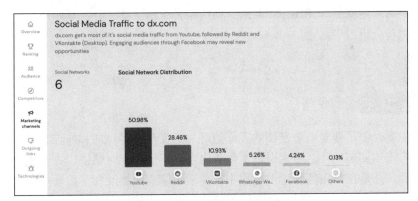

图 4-36　社交媒体流量来源

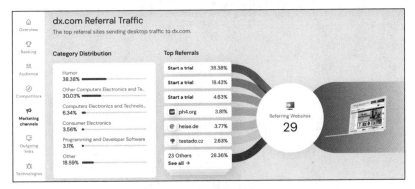

图 4-37　外链流量来源

三、任务实施

步骤一：对深圳市亚鼎科技有限公司搜索引擎营销方案进行分析，并撰写分析报告。

步骤二：通过网络选择一家跨境电子商务企业，为其策划搜索引擎广告，并对其网站进行优化，撰写分析报告。

四、知识拓展

阅读材料：赢得青年人青睐的 SHEIN 成全球最受欢迎时尚品牌之一

创建于中国的快时尚电商 SHEIN（希音）成为 2022 年世界上最受欢迎的品牌之一。根据某金融咨询公司研究数据，SHEIN 的受欢迎程度超过了快时尚品牌 Zara，遥遥领先于耐克和阿迪达斯等服装巨头。"SHEIN"英文名拆分，即"SHE（她）"+"IN（流行、时髦的）"。刚开始，SHEIN 主要从中国广州的服装批发市场采购服装。随着公司发展，SHEIN 的供应链系统扩张，获得了 3000 多个制造合作伙伴和供应商。

数据显示，在包括法国、冰岛、澳大利亚在内的 113 个国家和地区，SHEIN 是谷歌搜索量最大的品牌。北美和欧洲国家是 SHEIN 的最大流量来源国，主要以搜索流量和直接流量为主。其中，自然搜索和付费广告流量集成的搜索流量占 40.5%。

五、同步拓展

以知名快时尚电商品牌 SHEIN 为例，利用相关分析工具，分析其跨境电商搜索引擎营销方案，并撰写分析报告。

📖 项目总结 ●●●●●

本项目主要介绍了搜索引擎营销的工作原理、定义及选择技巧、特点和推广手段，关键词竞价排名广告的实施流程，搜索引擎优化等内容。不论是在网站推广方面或是对产品产生促销作用方面，还是在产品品牌建设过程中，搜索引擎营销都发挥了重要的作用，是跨境网络营销最有效的工具之一。同时，搜索引擎作为网站优化的检测工具，可以对搜索引擎检索结果进行分析，是研究网站搜索引擎优化状况的有效工具之一。

社会化媒体营销

在跨境电商平台上活跃着一大批年轻的创业者，他们默默演绎出的精彩不禁让人惊叹后生可畏。一群为生活打拼的普通青年，他们虽然距离年销售额百万美元还有一段距离，但却实实在在地走在一条年销售额翻倍增长的高速通道上。用一年时间从零做到头部卖家的"00后"敦煌网卖家 Jack 就是其中一位。他来自广东潮汕地区，原来是一家传统外贸公司的职员，了解到敦煌网的跨境模式后，毅然辞去了工作，专心做起了跨境电商。他仅仅用了一年时间，便成了敦煌网 3C 行业的头部卖家。他的优势是善于使用社交网络进行推广，Facebook、Twitter 以及各大境外论坛，都是他频繁光顾的地方。有时投入 10 美元的推广费能够换来 8 万次的点击量，他觉得这个投入非常值得，他说有了这样的流量和点击量，就不会担心生意做不好了。

为了进一步实现"货通全球"的梦想，通过跨境电商建立全球品牌的先锋，是 Jack 正在做的事情。他说，现在的每一步都让自己离梦想又近了一步。

项目任务书 ↓

项目任务书如表 5-1 所示。

表 5-1　项目任务书

任务编号	分项任务	能力目标	知识目标	素质目标
任务一	认识社会化媒体营销的内涵	能够针对不同品类的产品选择合适的社会化媒体推广渠道	1. 熟悉社会化媒体营销的定义 2. 熟悉境外主流社会化媒体平台 3. 掌握社会化媒体营销策略	1. 能发现中国文化走向世界的契机与启迪，讲好中国故事 2. 培养通过社会化媒体传播品牌和信息的意识与能力 3. 培养学生的创新思维、品牌意识和团队精神
任务二	Facebook 营销的应用	能利用 Facebook 开展跨境电商营销活动	1. 了解 Facebook 公共主页 2. 熟悉 Facebook 公共主页的运营技巧 3. 掌握 Facebook 广告投放	
任务三	LinkedIn 营销的应用	能利用 LinkedIn 开展跨境电商营销活动	1. 了解 LinkedIn 平台 2. 熟悉 LinkedIn 营销策略 3. 了解 LinkedIn 广告的相关内容	
任务四	Pinterest 营销的应用	能利用 Pinterest 开展跨境电商营销活动	1. 了解 Pinterest 平台 2. 熟悉 Pinterest 推广技巧 3. 了解 Pinterest 广告的相关内容	

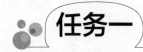 任务一　认识社会化媒体营销的内涵

▌一、任务描述

境外社会化媒体将企业与消费者连接起来，可以提高品牌知名度、消费者黏性，还可以向网站传递流量，提高转化率。对于不同品类甚至同一品类不同产品来说，消费者需求、网站访问的行为以及社会化媒体营销的方式都是不同的。任务一主要介绍社会化媒体营销的定义、境外主流社会化媒体平台以及社会化媒体营销策略。

▌二、相关知识

（一）社会化媒体营销的定义

社会化媒体（Social Media）是以多对多的沟通交流为目的、大众创造的信息为内容、互联网技术为方式的新型大众媒体，它是旨在帮助人们建立社会化网络的互联网应用服务。社会化媒体营销是随着网络社区化而兴起的营销方式。

社会化媒体营销（Social Media Marketing）是利用社会化网络，例如在线社区、博客、百科或者其他互联网协作平台和媒体来传播和发布资讯，从而形成的营销、销售、公共关系处理和客户关系维护及开拓的一种方式。

（二）境外主流社会化媒体平台介绍

要想做好社会化媒体营销，首先要选对社交网站，要根据产品的品类和特点，选择更合适、更容易维护的社交网站。如今各类社交网站的数量非常多，跨境电商企业要根据自己的

需要，选择真正适合自身品类的社会化媒体平台。

　　跨境电商企业在选择好合适的社交网站之后，要先分析一下自己的产品特点、目标国家（地区）消费者的消费习惯、消费者活跃的社交网站等。一些转化率低的社会化媒体营销往往存在两种问题：一是选择的社交网站不合适，二是运作的方法或策略不到位。

　　在跨境电商领域，因为消费者来自不同国家、不同地区，所涉及的社交网站也比较多，所以在做社会化媒体营销时可能要覆盖多个网站。但是，这并不意味着所有能够覆盖的网站都要做，应该选择一个或几个合适的。因为资源有限，所以只有找到合适的社交网站，才能在提高流量转化率的基础上降低营销推广的成本。

1. Facebook

　　Facebook（脸书）是一个社交网络服务网站，其 Logo 如图 5-1 所示。它于 2004 年 2 月 4 日上线，主要创始人为马克·扎克伯格（Mark Zuckerberg）。从 2006 年 9 月 11 日起，任何用户输入有效电子邮件地址和自己的年龄段即可加入 Facebook。2015 年 8 月 28 日，Facebook 单日用户数突破 10 亿个。2021 年 10 月 28 日，马克·扎克伯格宣布，Facebook 母公司更名为"Meta"（平台名称未变化），意思是无所不联。按用户数量计算，Facebook 是目前全球最大的社交媒体平台之一。Facebook 商业功能的发布，使它从一个社交网络变成一个成熟的营销平台，大部分具有网络影响力的企业都有 Facebook 官方主页。

图 5-1　Facebook Logo

　　2022 年 1 月—12 月，在全球范围内，Facebook 以压倒性优势占据了全球 70% 以上的市场份额，如图 5-2 所示。除了 Facebook 以外，Twitter、Instagram 和 Pinterest 也是世界主流的社交网站。

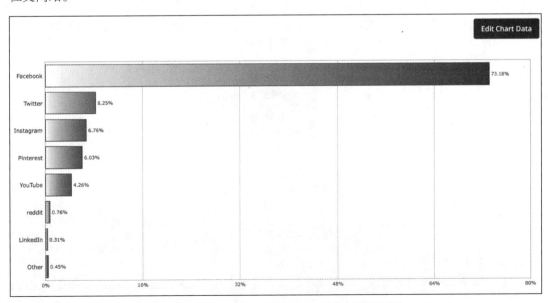

图 5-2　2022 年 1 月—12 月全球社交网站市场份额占比

2．Twitter

Twitter（推特）是一家美国社交网络及微博客户服务的网站，其 Logo 如图 5-3 所示。它被形容为"互联网的短信服务"，这个服务是由杰克·多西（Jack Dorsey）在 2006 年 3 月与合伙人共同创办并在当年 7 月启动的。Twitter 在全世界都非常流行，Twitter 发布的财报显示，截至 2020 年第三季度，Twitter 的可货币化日活跃用户达 1.87 亿个。虽然用户发布的每条推文被限制在 140 个字符内，但这并不妨碍各大企业利用 Twitter 进行产品促销和品牌营销。例如，著名垂直电商 Zappos 创始人谢家华通过其 Twitter 的个人账号与粉丝互动，维护了 Zappos 良好的品牌形象。此外，跨境电商企业营销人员还可以利用 Twitter 上的名人进行产品推广，如第一时间评论名人发布的推文，让名人的粉丝慢慢熟知产品，并最终成为企业的粉丝。2014 年 9 月，Twitter 推出了购物功能键，这对跨境电商企业来说又是一大利好消息。

图 5-3　Twitter Logo

3．Instagram

Instagram（照片墙）是一款运行在移动端上的社交应用，其 Logo 如图 5-4 所示。在 Instagram 上，用户可以以一种快速、美妙和有趣的方式将自己随手抓拍的图片与他人分享。Instagram 提供了这样一套顺畅的操作流程：拍照—滤镜特效—添加说明/添加地点—分享（可以共享到 Twitter、Facebook、Tumblr、Flickr、Foursquare，以及新浪微博等主流社交平台）。同时，Instagram 基于这些照片建立了一个微社区，用户在这里可以通过关注、评论、点赞等操作与其他用户进行互动。2012 年 10 月 25 日，Facebook 以总值 7.15 亿美元收购 Instagram。2016 年 Instagram 推出视频直播功能。Instagram 是最受欢迎的社交媒体平台之一，它拥有每月超过 10 亿个活跃用户，是企业网络推广的首选渠道。

图 5-4　Instagram Logo

4．Pinterest

2010 年，Pinterest 由美国加州帕罗奥多的一个名为 Cold Brew Labs 的团队创办并正式上线，其 Logo 如图 5-5 所示。Pinterest 采用瀑布流的形式展现图片内容，无须用户翻页，新的图片会不断自动加载在页面底端。在 Pinterest 上，跨境电商企业可以建立自己的品牌主页，上传产品图片，并与他人互动分享。另外，跨境电商企业还可以在 Pinterest 购买广告位进行营销推广。

图 5-5　Pinterest Logo

5．LinkedIn

LinkedIn（领英）是职业社交网站，其 Logo 如图 5-6 所示。2014 年，LinkedIn 简体中文版网站正式上线，并宣布中文名为"领英"。如果跨境电商企业的目标客户是毕业生或职场人士，那么 LinkedIn 是一个不错的营销平台。对于跨境企业而言，LinkedIn 也是一个重要的开发客户和招聘人才的平台。

图 5-6　LinkedIn Logo

6．Tumblr

Tumblr（汤博乐）成立于 2007 年，是一种轻博客网站，其 Logo 如图 5-7 所示。Tumblr是一种介于传统博客和微博之间的全新媒体形态，既注重表达，又注重社交，同时注重个性化设置，是当前最受年轻人欢迎的社交网站之一。在 Tumblr 上进行品牌营销，要特别注意内容表达。例如，给自己的品牌讲一个故事的效果比直接在博文中介绍公司及产品的效果要好很多。有吸引力的博文内容，很快就能通过 Tumblr 的社交属性传播开来，从而达到营销的目的。

图 5-7　Tumblr Logo

7．VK

VK（原 VKontakte）为俄罗斯知名的在线社交网络服务网站，其 Logo 如图 5-8 所示。VK 用户主要分布在俄罗斯、乌克兰、白俄罗斯、阿塞拜疆、哈萨克斯坦、吉尔吉斯斯坦、摩尔多瓦等国家或地区。与 Facebook 较为相似，VK 允许用户公开或私下留言、创建社团、参与公共页面和活动。VK 具有分享和标记图像、音乐和视频、基于浏览器的游戏等功能。

图 5-8　VK Logo

（三）社会化媒体营销策略

跨境电商企业无论做哪个品类的商品，要想让企业更好、更精细地运作，都要考虑在哪些社交平台上进行营销推广，以及每一种营销推广方式需要采用怎样的方法和技巧等。那么，选择了合适的社交平台之后，在社交平台进行营销时需要采用哪些策略呢？

1．做软文口碑性营销

针对兴趣类或专业类的内容性社交网站，应做软文口碑性营销。例如，在欧美的假发市场上，有的跨境电商企业就联系了 Twitter 做女性消费者的产品使用测评，最终取得了很好的口碑营销效果。因此，在做社会化媒体营销时，跨境电商企业也可以在社交网站里做一些测评，让一些意见领袖加入，这样能够更精准地吸引流量。

2．把握愿意互动的顾客

在每一个愿意互动的客户背后，都隐藏着一个社交圈子。只要他们愿意进行互动，他们看到的内容就有可能出现在他们的社交页面。社交圈的一个重要特点是人以群分，因此每一个互动客户的社交圈里很可能会出现具有相似购买需求的人，这些人都可能成为潜在客户。

3．定期进行客户梳理

在开展社会化媒体营销时，应每隔一段时间进行一次系统性的客户梳理，看看不同国家和地区的客户占比，如北美的客户占多少比重、俄罗斯的客户占多少比重等。跨境电商企业也可以做一些简单的抽样调查，看看这些客户一般活跃在哪些社交平台上。根据这些数据和分析结果，就能更加确定需要在哪些社交平台上投入多少人力、财力等资源。

4．导入和维护老客户

跨境电商企业在选择好重点营销的社交平台之后，首先要将自己的老客户导入其中，同时引导他们定期浏览企业的社区内容，促使对方养成定期互动的习惯。如果跨境电商企业只是偶尔地、少量地和客户进行社区互动，那么带来的点击率将是非常有限的。

5．重视售后服务

在做社会化媒体营销时，跨境电商企业要注意在服务或售后方面做好营销和宣传工作。在现在的商业环境下，不管企业如何宣传产品的优势，都很难让人完全信服；若是能够把成功的服务案例和售后案例展示给潜在客户，则能够起到较好的营销效果。

小资料

跨境电商企业如何制定社会化媒体营销策略

三、任务实施

以 5~6 人一组组成跨境 SNS 营销团队，每个团队根据自己所调研公司的主营产品、公司主要营销目标，分析如何选择社交平台做引流推广，以获得更多点击和关注。

步骤一：调研以下社交平台主要用户年龄段和特征，并分析社交平台可运营内容，完成表 5-2。

表 5-2　主流社交平台调研

Logo	平台名称	主要用户年龄段	主要用户特征	平台可运营内容
facebook	Facebook			
Instagram	Instagram			
twitter	Twitter			
Linkedin	Linkedin			
TikTok	TikTok			
Pinterest	Pinterest			

步骤二：分析公司主要营销目标。

步骤三：分析该品类目标用户画像。

步骤四：分析产品适合什么营销策略。

步骤五：根据社交平台的特征，选择合适的营销渠道，并完成表 5-3。

表 5-3　社会化媒体营销渠道选择

公司名称		
产品品类		
公司营销目标		
目标用户画像	目标用户群（特征、爱好）	
	国家/地区	
	年龄段	
	性别比	
	活跃的社交平台	
	用户在社交平台上爱看的内容	
	最受用户欢迎的社交平台提供的独特的价值	
产品适合的营销内容类型		
选取合适的营销渠道（1～2个）		

四、知识拓展

阅读材料：社会化媒体营销工具介绍

1．Hootsuite

Hootsuite（见图 5-9）是境外一个社交媒体管理工具，该工具根据社交平台上的用户有多少活跃关注者、用户所发布链接的点击次数、与其他用户的互动情况来衡量该用户在社交平台上的影响力。此外，Hootsuite 还支持通过关键字筛选关注者，如果某品牌拥有大量关注者，该功能有助于企业找出潜在用户并且更好地了解潜在用户。

图 5-9　Hootsuite 首页

2．Google URL Shortener

Google URL Shortener（见图 5-10）工具可以将网站的长链接缩短，还可以跟踪链接被点击的次数，了解跨境电商企业站外营销推广的效果。例如，跨境电商企业想要推广自己的网站并了解推广效果，可以复制链接到 Google URL Shortener 生成短链接，再将这个短链接加上文字发布到社交平台上。另外，如果发送邮件时不想让用户看到短链接，则可以使用图片插入外链。

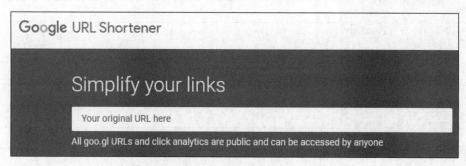

图 5-10　Google URL Shortener 首页

3．bitly

bitly（见图 5-11）工具能够实时跟踪所分享链接的点击情况。例如点击的用户来自哪里、用户在哪里点击了链接、用户点击了多少次等。

短链接的弊端在于缩短之后会变得很奇怪，降低了用户的信任感。如果不想让用户或者竞争对手跟踪到数据，最好使用短链接的形式做推广。

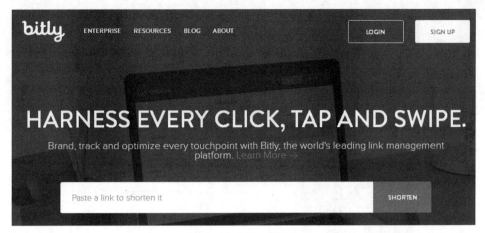

图 5-11　bitly 首页

五、同步拓展

① 注册并熟悉以上社会化媒体营销相关工具。

② 利用以上工具，缩短跨境电商企业的网站或者产品的链接，并后续跟踪短链接的点击情况。

任务二　Facebook 营销的应用

一、任务描述

Facebook 目前已经成为企业强大的营销工具，并提供了不同的营销方式，包括公共主页、Facebook 广告，有效地帮助了企业在目标受众中建立知名度和联系，并推动销售。任务二主要讲解 Facebook 的公共主页、公共主页的运营技巧以及 Facebook 广告投放。

二、相关知识

（一）Facebook 公共主页

Facebook 的用户数量以及用户使用习惯都具备了强大的黏性。Facebook 官方公布的数据显示：18～24 岁的用户中有一半的人，在起床后的第一件事就是浏览 Facebook。在"流量为王"的网络时代，Facebook 是跨境电商企业 SNS 营销的主要渠道。

公共主页（Pages）是供品牌、商家、组织和公众人物在 Facebook 打造影响力的地方。在这里，跨境电商企业不但可以获得源源不断的流量，同时也可以增加客户的信任度和黏性，提高产品或者服务的销量和转化率。只要是 Facebook 的个人用户，就可以免费创建公共主页或帮助管理公共主页。跨境电商企业或跨境电商店铺卖家可以选择建立公司、品牌或商品的公共主页，也可以在公共主页上创建店铺，销售产品，或发布与产品、品牌相关的文字、图片、视频和活动等。Facebook 公共主页如图 5-12 所示。

图 5-12　Facebook 公共主页

（二）Facebook 公共主页的运营技巧

1．丰富页面应用

跨境电商企业定期运用 Facebook 和 YouTube 等应用程序丰富页面，能够吸引消费者甚至消费者的好友浏览公共主页。此外，跨境电商企业在充分调研市场、消费者心理和网络语言文化环境及传播规律的基础上，编写出有创意的文字、图片和视频等内容，能为页面带来更多的关注和点赞，并收获大量的自主转发和分享。

2．增加粉丝

跨境电商企业想要让自己的公共主页广为传播，就必须想方设法增加粉丝。增加粉丝不能太盲目，要有针对性和目的性，能根据公共主页中的产品特性及用户群体采取相应的措施。例如销售婴幼儿玩具的企业，可以先加入一些母婴方面的群组，再添加里面的成员作为朋友；再如，经营户外休闲类产品的企业，可以加入一些旅行、骑行、徒步等方面的群组，这些群组里的大多数人是潜在客户。

3．运用病毒式营销方法

跨境电商企业通过丰富的页面内容让用户在页面中有事可做，从而能够真正参与页面活动。Facebook 会把用户的参与行为以新鲜事的形式发布给他们的好友，引发用户的好友进一步参与页面的活动，从而形成病毒式的循环扩散。

4．利用企业现有网络

跨境电商企业把自己的 Facebook 公共主页链接发送给企业的博客读者和电子邮件用户，鼓励他们通过企业的公共主页关注企业的动态。

（三）Facebook 广告投放

跨境电商企业可以在 Facebook 上对公共页面、群组及事件等做广告宣传，吸引更多潜在用户。

1．设置广告系列

设置广告系列时，广告的目标可视为广告的基础。广告的目标即希望广告达到的效果，可以是提升品牌认知、增加访问量、参与互动、让用户下载安装 App、观看视频、开发潜在用户、提高行动转化量等。如果跨境电商企业想要增加其独立站的访问量和产品曝光量，建议使用访问量作为广告目标。

2．设置广告组

广告组用于规定广告如何投放。在广告组层级，可以针对广告创建自定义受众，将广告展示给特定的联系人、网站访客或应用用户。也可以利用 Facebook 的定位选项创建广告受众，通过选择地区、性别、年龄及其他条件确定受众。同时，页面中会显示系统提示的受众规模大小、预计覆盖用户数和预计每日成效等数据。

若想要进一步细分受众，可以添加"Detailed Targeting"（细分定位）信息，通过年龄、性别和地区等人口统计数据、用户的行为、兴趣等细化广告的受众，也可以参考系统提示的"Suggestions"（建议）添加细分定位条件。

3．制作广告

广告就是用户或目标受众将看到的内容。制作广告时，可设计广告创意，包括图片、视频、文本和行动号召按钮等。跨境电商企业在添加广告信息时，页面右边栏会同步显示广告预览，方便其及时查看和修改，如图 5-13 所示。

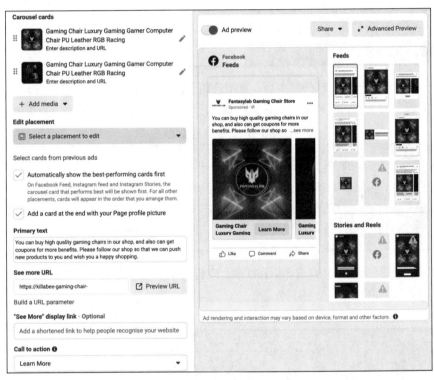

图 5-13　广告信息

▌三、任务实施

为了进一步扩大公司和公司网站的知名度，XM 公司打算采用社会化媒体营销进行公司网站和产品的推广。

请帮助其完成 Facebook 营销过程中相关任务的实施，以 5～6 人一组组成跨境 SNS 营销团队，每个团队为 XM 公司所经营的不同品类各制作一份 Facebook 营销推广方案。

小资料

如何设计一个优秀的 Facebook 广告

步骤一：每个团队成员各注册一个 Facebook 个人账号，完善个人信息和爱好信息，添加好友，并将个人主页截图放入表 5-4 中。

表 5-4　Facebook 个人主页截图

Facebook 个人主页	

步骤二：每个团队根据 XM 公司所经营的一种品类，创建商品公共主页，完善公共主页信息，并且在公共主页上发布产品相关的文字、图片、视频和活动等，利用 Facebook 推广技巧，使页面能够广为传播。将公共主页和发布内容的截图放入表 5-5 中。

表 5-5　公共主页和发布内容的截图

公共主页		
发布内容	文字	
	图片	
	视频	
	活动	

步骤三：为了进一步推广公共主页，宣传公司及产品，请为公司创建一个 Facebook 广告。首先创建广告系列名称，设置营销目标、广告账户信息等内容，并将以上信息填入表 5-6 中。

表 5-6　广告系列设置

广告系列名称		
营销目标		
账户	国家/地区	
	货币	
	时区	

步骤四：创建广告组，填写广告组名称、广告受众、细分定位、预算和排期，并将以上信息填入表 5-7 中。

表 5-7　创建广告组

广告组名称		
广告受众	国家/地区	
	年龄	
	性别	
	语言	
细分定位	人口统计数据	
	兴趣	
	行为	
	更多类别	
预算和排期	预算（总预算/单日预算）	
	排期	

步骤五：制作广告，选择广告格式，添加图片、视频、标题、说明、目标页网址、行动号召等信息，并将以上信息和广告预览截图放入表 5-8 中。

表 5-8　制作广告

广告格式		
添加的内容	图片	
	视频	
	标题	
	说明	
	目标页网址	
	行动号召	
广告预览截图		

四、知识拓展

阅读材料：如何查看 Facebook 广告成效

在广告管理工具或 Power Editor 中，可以查看已经投放的每一个 Facebook 广告的成效，了解广告的表现。数据包括：看到广告的人数、点击广告的人数以及在广告上花费的金额。同时，也可以在广告账户中查看所有广告系列、广告组或广告的数据，具体的操作步骤如下。

（1）打开广告管理工具或 Power Editor。

（2）单击广告系列、广告组或广告。

（3）选中想要查看的广告系列、广告组或广告旁的复选框。

（4）单击打开侧边面板（见图 5-14）。

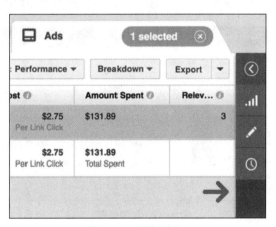

图 5-14　侧边面板

（5）在侧边面板中分别单击表现、人口统计、版位图标，即可查看所选广告系列、广告组或广告的对应图表。

- 表现图表（见图 5-15）：显示广告的点击量、覆盖人数和整体花费。通过滚动曲线表，可在图表中看到当天广告的单项成效。如需更改图表显示的成效，可自定义，选择想要查看的指标。

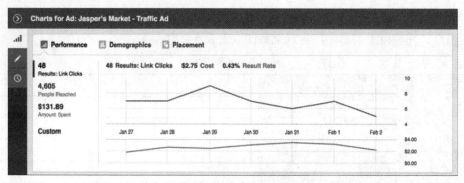

图 5-15　表现图表

- 人口统计图表（见图 5-16）：显示广告在不同年龄和性别人群中的表现。可以滚动查看图表的每个板块，了解各个年龄群组的单独成效数据。

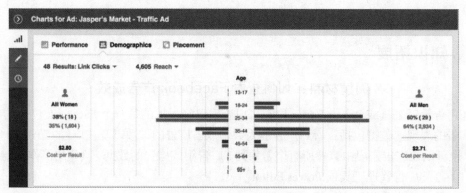

图 5-16　人口统计图表

- 版位图表（见图 5-17）：显示广告在不同版位（例如 Facebook、Instagram）的表现。另外，还可以在图 5-17 所示的下拉列表中查看广告在移动设备和计算机上的展示位置。

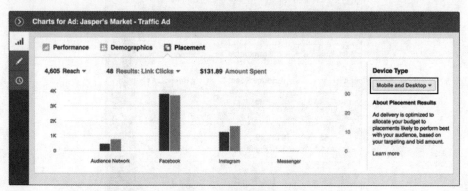

图 5-17　版位图表

五、同步拓展

① 利用广告管理工具或 Power Editor，查看已经投放的每一个 Facebook 广告的数据，并进行分析，了解广告的成效。

② 查看广告的表现图表、人口统计图表和版位图表，分析广告运行的效果。

 任务三 LinkedIn 营销的应用

▍一、任务描述

LinkedIn 已成为一个不容忽视的社交媒体平台，特别是针对跨境电商营销人员。相比于其他社交媒体，LinkedIn 在增加流量、产生高质量的潜在客户和建立思想领导力方面有着独特的优势。任务三主要介绍 LinkedIn 平台、LinkedIn 营销策略以及 LinkedIn 广告等内容。

▍二、相关知识

（一）LinkedIn 平台

LinkedIn 是一家面向商业客户的社交网络服务网站，其将社交网络的概念最小化、精确化。创建该网站的目的是让注册客户维护他们在商业交往中的人际关系。每一个 LinkedIn 个人账户都可以免费创建公司主页，公司主页主要有三种类型（见图 5-18），公司主页信息如图 5-19 所示。

图 5-18 公司主页类型

图 5-19 公司主页信息

（二）LinkedIn 营销策略

1. 构建有价值的关系网

有价值的关系网意味着要把一般的连接转化成实际的交往关系，同时在社交圈中得到别人的认可，受到别人的重视。如今，内容同质化愈发严重，要想脱颖而出，就必须创造一些对别人有价值的内容，即便是随手转发，也要简单表达自己的见解。

对于跨境电商企业而言，建立关系也是至关重要的。关系主要体现在对客户的情感化管理上，如哪些人访问了公共主页、分享了什么内容、对内容有什么反馈，这些是企业和客户建立关系的基础，也是企业了解客户的途径。再者，跨境电商企业应做问题的解决者，而不是产品的推销者，应多提建议，彰显产品的价值。

2. 贡献有价值的小组讨论

内容营销的信条之一就是营销者要通过有质量的内容向潜在客户递送价值。这种营销方式更侧重于建立思维引导，让客户平时感受到好处，这样，客户在做购买决策时自然更倾向于该品牌。上述原则同样适用于 LinkedIn 小组讨论，LinkedIn 小组讨论如图 5-20 所示。

图 5-20　LinkedIn 小组讨论

对于营销者而言，可以通过讨论组了解信息、接触潜在客户。讨论组中的客户是自发根据兴趣聚集在一起的，在讨论组中，营销者花很少精力就能获得积极的回应，可引发积极的话题讨论，这种潜在的资源非常有价值。

3. 专注小团体，切忌遍地撒网

在 LinkedIn 的小组讨论中，如果营销者是普通人，还没有网络影响力，那更应该专注于所属的行业，在该领域慢慢积累，加强自己在某些话题上的优势和威信，进而和讨论组中的一些人建立稳定关系。在 LinkedIn 或其他社交网站中，即便有优质的内容，也可能被埋没、得不到关注。有时候专注于小团体比遍地撒网有效得多，特别是在小组讨论中，越专注，个人在小组 TOP 榜中停留的时间越久，被客户发现和认可的可能性就越大。

4. 利用 LinkedIn 推广功能推广品牌

LinkedIn 主打职场社交，该平台上的客户大多是白领人士，而且它对客户群体进行了进一步细分，使推广内容能迅速在社交网中传播，形成较大的影响力。尤其是对跨境 B2B 企业来说，通过 LinkedIn 甚至有机会接触到企业决策层人员。

LinkedIn 的高端特性决定推广内容必须是干货，是所有内容里优质的、有价值的。职场人士的闲暇时间本来就少，如果用一些空洞的内容进行轰炸，很容易使其产生反感。长期经营干货虽然需要一定的时间和精力，但是回报是非常大的，如跨境电商企业可以在所属行业中获得较好的口碑和较高的威信，品牌容易得到客户的青睐。

（三）LinkedIn 广告

LinkedIn 平台拥有 4 亿多用户，不同公司的员工在平台上互相联系业务，寻找合作机会，改善服务，交流商业想法与信息。无论是经营什么品类的跨境电商企业，其大部分潜在用户都在用 LinkedIn。创建 LinkedIn 广告，无疑会为跨境电商企业带来更高的知名度和更多的销量。

1．广告目标

广告目标共有三种类型：提高知名度、提高考虑度、提高转化量。跨境电商企业想要推广企业的独立站，可以选择提高网站知名度这一目标。而目标受众的参数，则是定位广告展示给什么人群，目标受众越具体越相关，则广告的推广效果就越好。

2．广告形式

广告形式主要有单图广告、轮播广告、视频广告、文字广告、定制广告、消息广告、对话广告、活动广告等。采用不同的广告形式，产生的效果会有所不同。

3．广告内容

一个推广活动可以添加多个广告，如至少使 2 个广告在同一时间运行，那么企业就可以比较它们的表现情况，多个广告轮播如图 5-21 所示。当一个广告带来更高的点击率时，企业可关闭低点击率的广告，以获得更高的投资回报率。

图 5-21　多个广告轮播

▌三、任务实施

小资料

如何创建引人注目的广告

XM 公司为了进一步扩大公司和公司网站的知名度，打算利用 LinkedIn 平台进行公司网站和产品的推广。

请帮助其完成 LinkedIn 平台营销过程中相关任务的实施，以 5～6 人一组组成跨境 SNS 营销团队，每个团队为 XM 公司所经营的不同品类（数码电子类、美容类、宠物类、灯具类、安防类、摄影器材类、家居类、服装鞋帽类等）各制作一份 LinkedIn 营销推广方案。

步骤一：每个团队各注册一个 LinkedIn 账号，添加地区、职业信息、好友以及完善职业档案，完成后将主页截图放入表 5-9 中。

表5-9　LinkedIn 主页截图

LinkedIn 主页	

步骤二：创建一个公司主页，填写公司名称、LinkedIn 公开网址，添加公司详情、档案详情等信息，完成后将以上内容填入表 5-10 中。

表5-10　创建公司主页

公司名称	
LinkedIn 公开网址	
公司主页地址	
所属行业	
公司规模	
公司类型	
图标	
标语	

步骤三：为了进一步推广公司及产品，请为公司创建一个 LinkedIn 轮播广告。创建广告活动，了解广告目标客户的地理位置、语言以及其属性（如公司、会员特征、教育经历、工作经历、兴趣和特征等），以进一步细化目标客户。将以上信息和系统预测的目标客户人数填入表 5-11 中。

表5-11　设置广告目标客户

目标选择		
目标客户地理位置		
语言		
目标客户属性	公司	
	会员特征	
	教育经历	
	工作经历	
	兴趣和特征	
预测目标客户人数		

步骤四：设置广告的出价信息和时间安排，包括预算金额、每日预算、优化目标、出价策略以及广告投放时间，并将以上信息填入表 5-12 中。

表5-12　设置广告出价信息和投放时间

出价信息	预算金额	
	每日预算	
	优化目标	
	出价策略	
广告投放时间		

步骤五：创建轮播广告，填写广告名称、介绍文字、目标网址等，然后选择或上传多张图片，填写卡片标题等，将以上信息和广告预览截图填入表 5-13 中。

表 5-13　创建轮播广告

广告名称	
介绍文字	
目标网址	
卡片标题	
卡片目标网址	
图片	
广告预览截图	

四、知识拓展

阅读材料：LinkedIn 广告的实践

1．测试广告变体

广告账号按推广活动进行组织。创建的每个推广活动都有预算、出价、锁定选项和广告变体等。在推广活动内至少创建 2 个广告变体，使用不同的广告文案、呼吁行动短语和图片。通过测试多个广告，企业可以发现哪些广告的效果更好。

一开始，创建和开启的所有广告都会向选定的目标客户展示。在广告开始获得点击次数后，效果最好的广告（按点击率衡量）将更频繁地展示并获得更多点击次数。测试一段时间后，企业可以暂停点击率最低的广告并试验新的广告变体，探索点击率更高的广告。

对于推广活动，企业可在测试广告变体的同时查看推广活动质量分数，可暂停表现不佳的广告。

2．锁定合适的目标客户

将目标客户的范围限制为可能对提供的产品或服务感兴趣的会员，确保创建能够引起目标客户共鸣的广告。例如，开展文字广告推广活动时，建议将目标客户的规模设置为 60 000～600 000 人。

3．设定有竞争力的出价

对于每个推广活动，都需要设定付款方式，即按点击次数付费（CPC）或者按每千次展示次数付费（Cost Per Mille，CPM）。另外，还需要设定出价，即愿意为单次点击或千次展示支付的最高费用。如果目标是设定有竞争力的出价并在与其他广告主的竞价中胜出，建议设置一个在建议出价范围内较高的出价。建议出价范围是系统根据其他广告主的当前出价估计得出的。在建议出价范围内出价越高，广告越可能得到展示和获得点击次数。出价是愿意支付的最高费用，而不是实际支付的费用。

五、同步拓展

① 设置多个广告变体，使用不同的广告文案、呼吁行动短语和图片。测试多个广告变

体，分析哪些广告的效果好。

② 对已有广告进行优化，包括文案、呼吁行动短语、图片、目标客户和出价等内容。

任务四 Pinterest 营销的应用

▍一、任务描述

Pinterest 作为境外知名的社交媒体，为跨境电商企业提供了重要的流量来源，并且 Pinterest 用户的购买能力也很强，因此许多跨境电商卖家将 Pinterest 作为主要的营销渠道。任务四主要介绍 Pinterest 平台、Pinterest 推广技巧以及 Pinterest 广告等内容。

▍二、相关知识

（一）Pinterest 平台

Pinterest 作为一家社交网站，虽然成立的时间很短，但是它的发展速度很快，它的运作模式受到了各网站平台的效仿。如今，Pinterest 运用自己在社交网络方面的资源，逐步将战略重心转移到电商领域。在 Pinterest 网站上，用户可以使用"一键购买"功能买到心仪已久的产品。在 Pinterest 页面中，"购买"按钮呈蓝色，用户可以轻松完成支付过程，可用 Apple Pay 或者信用卡支付。因此，利用 Pinterest 平台进行跨境网络营销是十分有潜力的。

在 Pinterest 平台上，可以建立个人账号，也可以建立关于品牌、非营利组织、零售商或在线店铺的商务账号，还可以将个人账号转化为商务账号。

（二）Pinterest 推广技巧

目前在欧美市场上，许多卖家都利用 Pinterest 引流。据统计，注册 Pinterest 的用户中，68%以上的是女性，并且大多是年轻女性。因此，要做好社会化媒体营销，除了要选好适合的社交网站之外，还要找到合适的消费群体。

要做好 Pinterest 社交营销，跨境电商卖家就要利用自己获得的数据、自己店铺的品类、客户的行为以及平台和渠道制定相应的策略。

1. 分析受众，创建吸引人的 Pin

独立站或跨境电商卖家应当先分析自身的目标受众，并创建合适的 Pin，将其吸引到店铺。用个人简介讲述产品和品牌故事。此外，在 Pinterest 上的描述不仅包括关键词，还包括能够引流的短语，也可以在描述中添加话题标签来增加 Pin 的热度。

2. 以用户感兴趣的主题做主题页面

在 Pinterest 中有各种各样的主题分类，跨境电商卖家可以在 Pinterest 中找到一些相关的主题，观察在这个主题中有哪些图片是受人关注的，从而将其作为选品的参考。一些有心的卖家会根据图片的受欢迎程度，将最受欢迎的图片放在主题页面来吸引客户的眼球。有的卖家在做了专题之后，对在 Pinterest 上比较受欢迎的产品设置折扣，在其他店铺相应产品没有折扣的前提下，该卖家就能获得更多的流量。

3．利用"网红"进行广泛传播

相较于其他社交网站，Pinterest 平台的优势就是图片上面有链接，用户只要点击了图片就可以直接进入相应店铺，这在引流上可以发挥很大的作用。如果图片被更多的人分享，那么店铺的点击率会提高，潜在的客户也就会更多。例如有一个跨境电商卖家是这样做的：他找到一些"网红"，由他们定期发布店铺的商品图片到自己的主页上，每人每周发十几张图片，一年后，店铺就实现了每天有 1 000 多个订单的目标。

4．结合强关系的社交平台

虽然利用 Pinterest 可以为跨境电商卖家带来大量的兴趣类流量，但是利用 Pinterest，卖家与客户建立的关系是一种弱关系。如果客户没有成功沉淀成老客户，那么新获得的客户可能会很快流失。因此，卖家还需要结合强关系的社交平台做营销。在获得了新客户之后，卖家要进行相应的转化，如在店铺中做相关的专题页面，通过强关系的社交平台将弱关系的社交平台的流量沉淀下来。

5．注重精细化发展

如果跨境电商卖家能够注重精细化发展，就会形成强有力的竞争优势，此时可通过强化供应链、在流量渠道和客户层面建立门槛等在精细化发展方面下功夫。

（三）Pinterest 广告

Pinterest 在全球拥有 4 亿多个月活跃用户，其中 85%的用户使用该平台进行网上购物，Pinterest 在激发用户潜在购买力方面具有巨大作用。跨境电商企业想要开拓国际市场，可在 Pinterest 进行广告投入。

1．广告系列

广告系列可视为广告的基础。广告目标（见图 5-22）代表了企业希望广告达到的效果，可以是扩大品牌知名度、提高视频观看量、提高 Pin 参与度（流量）、增加网站的转化（销售）。假如跨境电商企业想要增加其网站的访问量和产品曝光量，建议使用"提高 Pin 参与度（流量）"作为广告目标。

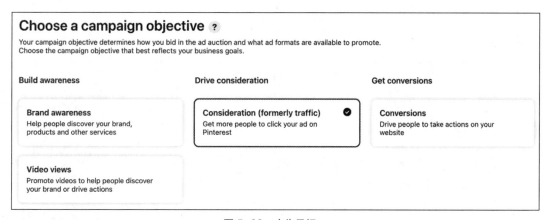

图 5-22　广告目标

2．广告组

广告组用于规定广告如何投放：目标受众可以是老客户、新客户，也可以是自定义受众，同时设定目标受众的兴趣爱好、关键词、人口统计信息（包括性别、年龄、地理位置、语言、设备等）以及广告投放位置等内容，同时页面右侧会显示系统提示的预计目标受众规模、月活跃广告目标受众数。

3．Pin 广告

在设置广告时可以从现有 Pin 中选择，也可以创建一个新的 Pin，添加 Pin 广告如图 5-23 所示。

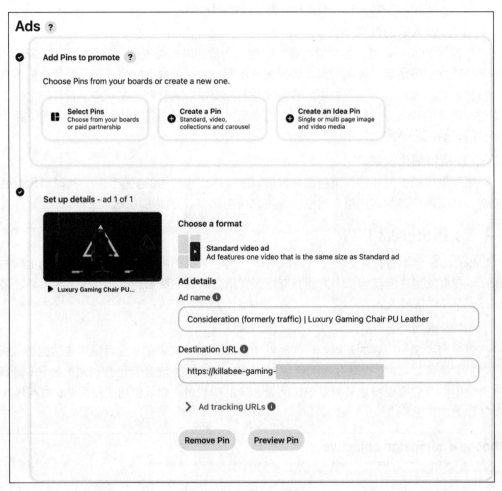

图 5-23　添加 Pin 广告

▎三、任务实施

小资料

跨境电商卖家如何利用 Pinterest 进行营销

XM 公司为了进一步扩大公司和公司网站的知名度，打算利用 Pinterest 营销进行公司网站和产品的推广。

请帮助其完成 Pinterest 营销过程中相关任务的实施，以 5～6 人一组组成跨境 SNS 营销团队，每个团队为 XM 公司所经营的不同品类（数码电子类、美容类、宠物类、灯具类、安防类、摄影器材类、家居类、服装鞋帽类等）各制作一份 Pinterest 营销推广方案。

步骤一：每个团队各注册一个 Pinterest 账号，添加兴趣小组和完善个人信息，完成后将主页截图放入表 5-14 中。

步骤二：每个团队根据 XM 公司所经营的一种品类，在 Pinterest 上发布产品相关的 Pin，利用 Pinterest 推广技巧，使其能够广为传播。将发布的 Pin 截图放入表 5-14 中。

表 5-14　Pinterest 主页截图 Pin 截图

Pinterest 主页	
Pin 截图	

步骤三：为了进一步推广公司及产品，请为公司创建一个 Pinterest 广告。创建广告系列，设置地理位置、选择广告目标，以及设置广告系列名称、每日预算和广告系列运行时间等内容，并将以上信息填入表 5-15 中。

表 5-15　创建广告系列

地理位置	
广告目标	
广告系列名称	
每日预算	
广告系列运行时间	

步骤四：创建广告组，填写广告组名称，选择将广告展示给老客户、新客户或者自定义受众，设置目标受众的兴趣爱好、关键词、人口统计信息（包括性别、年龄、位置、语言、设备等）以及广告投放位置等内容，并将以上信息和系统提示的预计受众规模填入表 5-16 中。

表 5-16　创建广告组

广告组名称		
定位目标受众策略		
目标受众的兴趣爱好		
关键词		
目标受众人口统计信息	性别	
	年龄	
	位置	
	语言	
	设备	
广告投放位置		
预计受众规模		

步骤五：制作广告，从个人主页中选择一个想要推广的 Pin，并填写 Pin 广告名称和目标网址，将以上信息填入表 5-17 中。

表5-17　制作广告

Pin 广告名称	
目标网址	

四、知识拓展

阅读材料：如何做好 Pinterest Ads

广告 Pin 虽然看起来像普通的 Pin，但是它们具有更多的功能。跨境电商企业通过广告 Pin 可以在 Pinterest 添加关键字并定位给特定的目标群体，以达到提高品牌的知名度和转化率等目标。跨境电商企业可以根据用户的人口统计信息、搜索条件以及兴趣定位广告的受众。

1．持续地监控和优化广告系列

Pinterest 是一个能给用户带来丰富视觉体验的社交媒体平台，而且视觉内容与用户产生的共鸣是不可预测的。想要成功地运行 Pinterest 广告，需要不断测试广告系列中不同的图片、文字、出价以及受众。这样才能找出最合适的组合，并带来最大的转化和效益。在广告的概览页面（见图 5-24），可以观察 30 天内广告运行的效果并做出优化。

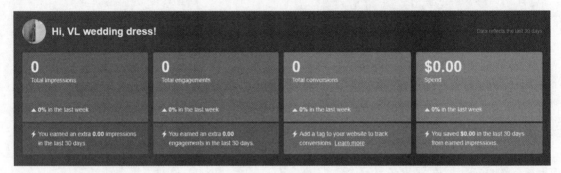

图5-24　概览页面

2．在说明中加入行动号召

Pinterest 不允许在 Pin 广告描述中使用直接的行动号召语句，但这并不意味着广告系列应该缺少行动号召。企业可以加入的行动号召有今天报名参加免费试用或下载免费指南等。

3．在定位选项中加入相关关键字

Pinterest 允许在 Pin 广告中最多添加 150 个关键字，但大多数营销人员会错误地认为关键字添加得越多越好。其实，添加很多关键字会导致较低的点击率和较少的转化次数。营销人员应有针对性地添加关键字，并考虑目标受众每天如何使用 Pinterest 并定位这些关键字。所选择的关键字不应只专注于目标受众，还应该和 Pin 内容与转到的网页保持相关性。

4．使用受众特征定位

即使 Pinterest 没有提供很多的定位选项，但它仍然允许根据地理位置、设备、性别和语言等受众特征向目标受众展示 Pin 广告。利用这些特征定位合适的目标受众是非常重要的。

5．积极出价

在 Pin 广告的费用方面，企业只需按获得的点击次数支付。因此，营销人员应持续衡量业绩并相应调整广告出价，以最大限度地提高业绩。尽管最初的出价可能很高，但一旦广告收益增加，就很可能会看到投标价格下降，尤其是针对高参与度和高互动的 Pin。要不断测试广告并优化出价以获得点击次数和转化次数，最终实现目标。

五、同步拓展

① 打开 Pin 广告的概览页面，观察已经投放的每一个 Pin 广告在 30 天内运行的效果，并进行分析。

② 根据阅读材料中的建议和广告运行效果，进一步优化 Pin 广告中图片、文字、出价以及受众等内容。

项目总结

本项目主要介绍了社会化媒体营销的定义和策略，境外主要的社交媒体平台及其运营技巧（营销策略、推广技巧）、广告的相关内容等。在互联网时代，社交网络记录了用户大量的信息，能够帮助跨境电商企业精准地定位目标客户。社会化媒体营销是跨境网络营销中最有效的工具之一，它能够使资讯传达更为及时，使跨境电商企业更直观地看到广告传播效果和获得更高的投资回报率。

视频营销

　　电商平台花样百出的营销手段让内容与广告的界限不断模糊，怎么让广告以更低成本、更高效地触达消费者，成为企业关注的重点。第三方调研机构 Wyzowl 数据显示，73%的消费者更喜欢通过视频广告了解产品和服务。视频成为分享品牌故事的重要方式。

　　TikTok 等短视频平台的兴起，让广告的边界无限延伸，让广告的形态也发生变化。2022 年 11 月，TikTok 美国小店正式上线；11 月 17 日，TikTok Shop 跨境电商官方公众号发布"双十一战报"：11 月 1 日—12 日，TikTok 跨境电商 GMV 增长 137%，订单量增长 141%，其中，新商家订单增长 158%。亚马逊广告亚太市场负责人透露，短视频已经成为最受欢迎的广告类型之一。为此，亚马逊广告加码广告视觉化呈现，推出了一系列提升广告视觉创意能力的产品工具，赋能品牌，讲述品牌故事。例如新推出的视频制作工具、展示型推广视频等。短视频以兴趣为触角，并以碎片化的形式渗入消费者生活的方方面面。随着社交电商浪潮的席卷，信息渠道更加多元化、信息内容与呈现方式更加碎片化，企业希望打造出拥有忠实消费者的品牌，品牌故事成为品牌与消费者建立连接和品牌获得消费者信任的重要方式。

项目任务书如表6-1所示。

表6-1 项目任务书

任务编号	分项任务	能力目标	知识目标	素质目标
任务一	认识视频营销的内涵与特点	能为跨境电商企业进行视频营销前期调研	1. 熟悉视频营销的定义 2. 了解视频营销的特点 3. 掌握视频营销平台选择技巧 4. 掌握视频营销策略	1. 尊重和保护知识产权，注重职业道德和职业伦理操守 2. 关注市场、勇于创新，坚持用户至上，具有国际视野 3. 培养理性客观、积极进取、精益求精的工作态度
任务二	YouTube视频营销	能利用YouTube为企业开展跨境电商视频营销	1. 熟悉YouTube频道运营 2. 熟悉YouTube视频广告的类型 3. 掌握YouTube视频营销策略	
任务三	TikTok短视频营销	能利用TikTok为企业开展跨境电商短视频营销	1. 了解短视频营销的特点 2. 熟悉境外主要短视频营销平台 3. 掌握TikTok短视频营销策略	
任务四	直播营销	能为企业开展跨境电商直播营销	1. 了解直播营销的优势 2. 熟悉直播营销活动的基本流程 3. 掌握直播脚本的撰写	

任务一 认识视频营销的内涵与特点

一、任务描述

视频营销以强大的连接能力和沟通能力吸引了越来越多的营销人员的关注，几乎已成为跨境电商企业必要的选择。跨境电商企业的营销人员应掌握视频营销的要点，了解用户的想法和需求。任务一主要介绍视频营销的定义、特点，视频营销平台选择技巧和视频营销策略等内容。

二、相关知识

（一）视频营销的定义

视频营销是指以视频网站为核心的网络平台，以内容为核心、创意为导向，利用精细策划的视频内容实现产品营销与品牌传播的目的。视频营销是"视频"和"互联网"的结合，具备二者的优点：既具有视频短片的优点，如感染力强、形式内容多样、创意新颖等；又具有互联网营销的优势，如互动性强、传播主动、传播速度快、成本低廉等。视频包含产品视频、品牌视频、企业宣传片、微电影等多种形式。视频营销归根结底是营销活动，因此成功的视频营销不仅要有高水准的视频制作，更要发掘营销内容的亮点。

（二）视频营销的特点

1. 灵活性强

在传统媒体上投放广告，发布后很难更改，即使可改动也要付出很大的经济代价。而采用视频营销能按照需要及时变更广告内容，这就使经营决策的变化可以及时地实施。同时，视频广告的传播范围极其广泛，不受时间和空间的限制，可以定位在全世界任一城市或地区。

2．成本低廉

视频属于新媒体，在视频平台发布广告的成本远低于传统媒体。利用视频平台进行宣传，企业能节省更多的推广成本。企业可以将自制的创意短片视频免费上传到视频平台。与此同时，视频营销具有非常高的性价比。根据 Burst Media 公司的研究结果，58.6%的视频观众可以记住视频里的广告内容。一支流传甚广的视频广告可以让跨境电商企业以极低的成本获得极大的转化。

3．目标明确

视频营销比其他传统媒体的营销目标更明确。把视频放在网站上或社交平台上，只要受众打开页面就能欣赏视频并形成清晰印象。令人感兴趣的内容能吸引受众，而受众的支持、回复、传播、再创造又能产生良好的内容。一传一受的交互方式，能引发受众产生思想共鸣和讨论，这样就达到了有效的宣传效果。

4．互动性强

视频营销具有很强的互动性。在视频营销中，受众可以对视频内容进行回复，也可以就回复内容进行回复。另外，受众的回复也有利于视频传播。与此同时，受众还会把他们认为有趣的视频转发给好友，主动进行传播，这样的视频大范围传播，不花费企业推广费用和精力。

5．感官性强

视频的载体是视频或动画，是以图、文、声、像多种形式结合形成的，能传送多感官的信息，比其他文字广告或图片广告更能体现出差异化。文字广告、图片广告、视频广告这三种广告形式中，视频广告对用户的感官冲击力是最大的，用户能看到、听到、感觉到产品或品牌，缩短了用户建立品牌信任的过程，加快了下单的速度。

（三）视频营销平台选择技巧

企业选择一个适合自身产品的视频营销平台，可以帮助企业的产品和品牌获得更多的曝光。

1．YouTube

YouTube 是全球最大的视频网站（其 Logo 见图 6-1），是第二大搜索平台以及第三大访问网站，视频日播放量超过 50 亿次。YouTube 注册于 2005 年 2 月，可用于下载、观看及分享影片或短片。2006 年 11 月，Google 以 16.5 亿美元收购了 YouTube，并把其当作一家子公司经营。但是对于如何通过 YouTube 实现盈利，Google 一直保持非常谨慎的态度，被收购后的 YouTube 依然风靡全球。YouTube 作为当前行业内在线视频服务提供商，其系统每天要处理上千万个视频片段，为全球众多的用户提供高水平的视频上传、分发、展示、浏览服务。

图 6-1　YouTube Logo

2．Facebook 和 Instagram

Facebook 和 Instagram 平台（二者的 Logo 见图 6-2）的月活跃人数超过 20 亿人。这两个平台的社交性强，用户黏性高，并且引入强大的视频功能，如 360 度视频、VR 和 AR 技术等，为商家展示品牌故事提供了强大的工具。Facebook 和 Instagram 是十分受欢迎的媒体方式，已成为社交营销常用工具之一。

图 6-2　Facebook 和 Instagram Logo

3．Vimeo

Vimeo 是全球第二大视频平台（其 Logo 见图 6-3）。与 YouTube 相比，Vimeo 的用户群体相对较少，月浏览量仅有 7.15 亿次，但是平台的强大功能让该平台成为内容创作者的首选之一。Vimeo 是一个高清视频播放网站，界面更加清晰简洁，导航功能更简单易用，并且平台上商业广告有限，不会影响用户体验。Vimeo 会同企业合作制作高质量视频，并且具有广告功能。

图 6-3　Vimeo Logo

4．Vine

Vine（其 Logo 见图 6-4）是 Twitter 旗下的视频分享移动应用，目前是全球发展最快的数字媒体内容网站之一。根据相关调查，Vine 每个月都会有超过 1 亿次的视频观看量和 8 000 个视频分享量。对于视频营销而言，Vine 是一个很好的平台。

图 6-4　Vine Logo

5．TikTok

TikTok（其 Logo 见图 6-5）是字节跳动旗下的短视频社交平台，于 2017 年 5 月上线。TikTok 曾多次登上美国、印度、德国、法国、日本、印度尼西亚和俄罗斯等地 App Store 或 Google Play 总榜的首位。TikTok 在全球 150 多个国家和地区拥有超过 30 亿次下载量和超过

15亿个月活用户，覆盖75种语言。TikTok是境内产品在境外获得成功的又一杰出代表，其采用的模式被视为境内移动产品出境的新模式。

图6-5　TikTok Logo

（四）视频营销策略

1．吸引用户

Facebook分析用户的视频消费数据时，发现在前3秒内观看视频的用户中有45%的用户将继续观看视频至少30秒。数据表明，用吸引眼球的标题刺激用户的好奇心还不足以吸引他们，还需要在视频的前3秒吸引他们。但是视频怎么才能真正吸引人呢？视频制作者应在视觉上吸引用户并快速呈现视频的核心信息，创建用户感兴趣的话题来吸引用户的注意力，并使其对视频的其余部分产生兴趣。

2．采用讲故事的形式

有关研究表明，以讲故事为形式的视频十分吸引人们的注意力，这类视频能快速使用户产生情感共鸣。当人们听到一个故事时，会将自己代入故事并产生情感共鸣。

3．唤起积极的情绪

如果要使视频引起用户共鸣，通常需要表现出温暖的感觉，而不是恐惧、愤怒或厌恶。实际上，幸福、希望和兴奋是驱动视频广泛传播的一些常见的情感，如果视频唤起了用户的这些情感，它可能会吸引大量的用户并引起大量的参与。

4．提升视觉效果

视觉叙事可以帮助用户轻松掌握概念和数据，因此视频制作者可考虑使用动态图形、流行的电影和电视场景以及真实人物的镜头来补充视频的文字与旁白。如果这样做，则用户可以收听信息并观看信息，以对视频的核心概念有更深入的了解。

5．添加合适的背景音乐

在视频中播放合适的配乐或铃声，可以吸引用户的注意力，并唤起他们与品牌相关联的特定情感和感觉。背景音乐可以使视频更具吸引力、影响力和说服力。无论是制作有趣的社交媒体视频、有说服力的产品视频，还是品牌视频，都要选择合适的背景音乐。

▌三、任务实施

按照5～6人一组组成跨境视频营销团队，每个团队根据自己所调研公司的主营产品、公司主要营销目标，分析如何选择视频网站做营销推广，以获取更多的曝光和转化。

步骤一：了解公司产品、服务的目标受众。

步骤二：明确公司的营销目标。

步骤三：根据公司的产品类别和特征，选取合适的营销视频类型，包括产品视频、品牌视频、企业宣传片、微电影等多种形式。

步骤四：选择 1～2 个合适的视频平台，并完成表 6-2。

表 6-2　视频营销前期调研分析

公司名称 （产品品类）	目标受众	营销目标	营销视频类型	选择视频平台
总结				

四、知识拓展

阅读材料：TikTok Shop 全球年末大促季

TikTok 全球年末大促季收官。据官方消息，TikTok Shop 2022 年末大促季实现了全球跨境业务整体 GMV 增长 136%、订单量增长超 77% 的佳绩。全平台有近 6 万个商家、3 万名达人参与此次大促季活动，相关账号累计开播超 272 万小时，在短视频与直播中，商家与平台用户互动超 13 亿次。

据悉，在 TikTok 平台，东南亚"双十一"和"双十二"的购物浪潮已经遍及马来西亚、泰国、新加坡、菲律宾和越南，"黑色星期五""网络星期一"则创造了一年中的销售量最高峰。三场大促活动在话题创作量和播放量上均有显著提升："双十一"话题下视频播放量超 8 500 万次，诞生 16 000 余条短视频，跨境 GMV 增长 137%；"黑五网一"话题下播放量达 4.17 亿次，诞生近 67 000 条短视频作品，GMV 增长 126%；"双十二"话题下播放量达 2 600 万次，诞生近 10 000 条视频作品，GMV 增长 136%。

分地域来看，不同地区的商家探索出不同的跨境玩法：英语系国家和地区借助"全球卖"功能实现多国和地区流量互动，一店开播多店生意辐射，主播话术注意与各国和地区用户的互动；而非英语系国家和地区则更注重本地化运营，与当地达人建立合作，快速切入当地市场。

不同产业链位置的商家在 TikTok 平台上实现了不同目标：跨境品牌方借助大促活动，快速度过品牌探索成长期，如 SACE LADY、GMEELAN 和 POSEE 等均多次上榜跨境行业单场大促的 TOP 榜单；强供应链商家则通过内容电商直连多国和地区消费者，义乌节日用具、广东服饰、许昌假发等均迎来销量波峰，假发商家 GMV 甚至达到 194%。

从品类层面切入，TikTok 年末大促季实现了多品类的爆发式增长：御寒服饰话题 "tiktok get you warm" 播放量超 87 万次，该品类跨境销售量整体增长 387%，其中某跨境品牌表现卓越，整体 GMV 环比上涨 167%，新客数量环比增长 583%；居家取暖话题 "winter goodies" 播放量为 87.23 万次，"暖冬计划"助力取暖产品商家 No Aging 实现 4 000 多单的月单量；世界杯为户外运动品类提供增长机遇，"sports carnival" 话题播放量超 1 940 万次，服饰鞋包、3C 数码、运动户外产品销量爆发，整体 GMV 增长 164%，东南亚市场规模增长 147%，运动服商家 Mooslover 成为英国运动类目排名第一的卖家，对比同年 9 月至 10 月，11 月至 12 月的业绩增长 370%。

五、同步拓展

① 视频营销相比于其他营销方式的优势是什么？

② 如果你将来从事跨境视频营销工作，你的岗位职责是什么？要求具有哪些知识与技能？

任务二 YouTube 视频营销

一、任务描述

作为全球访问量第二大的网站，YouTube 一直是跨境电商企业营销的主要平台之一。任务二主要介绍 YouTube 频道运营、YouTube 视频广告的类型以及 YouTube 视频营销策略等内容。

二、相关知识

（一）YouTube 频道运营

1. 品牌频道

单击账户内"创建"按钮可以免费创建一个 YouTube 品牌频道，并可对频道主页进行布置和美化，包括头像、简介、横幅、水印等，如图 6-6 所示。可制作一个 30～60 秒的短片（预告片/宣传片）放在频道首页，便于用户了解品牌。

图 6-6 频道自定义

2．视频内容

① 品牌故事

引人入胜的故事能够通过视频形式将品牌故事进行传播，围绕公司核心价值观、员工访谈、客户故事等维度制作幕后内容，能够与消费者建立更牢固的联系。也可对品牌发展历程或文化进行介绍，突出产品和品牌的特点，此种形式一方面能向用户进行品牌宣传，另一方面能为产品增添附加价值。

② 产品展示。

产品展示即在短时间内，多角度展示产品的优点和功效，直击消费者痛点，成功吸引消费者。视频内容一般有产品测评、使用教程、产品详解、生产过程、制造工艺等，其思路是从一个特定的痛点开始，然后解释该产品如何帮助用户解决问题。

③ 创意活动。

创意活动是最常见的带货形式之一，大多需要团队的配合，且创意活动类视频往往可以引起广泛的传播，幽默、有趣或壮观的视频可以很好地吸引用户。创意活动类视频重点在于宣传某一产品的营销活动，可以和网红合作宣传，也可以利用活动让用户参与产品体验。

3．缩略图和视频标题

① 设计引人注目的缩略图。

不同的用户有不同的品位，而且流行的缩略图样式可能会随时间改变，应尽可能地设计引人注目的缩略图，以更好地吸引目标用户。首先，可以应用三分法制作有趣的图片；然后，在图片上叠加品牌信息和说明文字（见图 6-7），同时应确保使用易于用户阅读的字体。同一缩略图在不同设备上的显示效果有所不同，应尽可能采用大尺寸的缩略图。也可以将缩略图与标题搭配使用，以激发用户兴趣，如图 6-8 所示。

The KILLABEE 8331 Gaming Chair is AWESOME!!! + DISCOUNT CODE +...　　BEST GAMING CHAIR REVIEW UNDER $300 00 BY KILLABEE &...

图 6-7　缩略图示例

8247 Big and Tall Series Assembly Guide - KILLABEE & FANTASYLAB　　8247 Big and Tall Series Intro - KILLABEE & FANTASYLAB

图 6-8　与标题搭配的缩略图

② 视频标题撰写。

首先，标题应尽量准确，能准确反映视频内容，否则用户很快就会停止观看，会影响产品曝光度。其次，标题应简明扼要，用户可能并不会仔细看完标题的每个字。因此，标题应尽量简明扼要，将重要的字词放在标题的开头处，将品牌产品详细信息放在后面。最后，谨慎使用全大写形式和表情符号，可以用它们强调视频中的强烈情绪或者特殊元素。例如，"Our KIDS Built A ROBOT!"。

建议采用方便搜索的标题，清晰地介绍视频内容，以便轻松覆盖搜索相似内容的用户；也可以采用有趣的标题，激发用户的好奇心，吸引搜索目标不局限于特定主题内容的用户。

4．视频说明

视频说明可让YouTube算法和观看者了解视频内容。将视频说明分为两个部分：观看者在计算机上单击"展开"按钮或在移动设备上点击"更多"按钮之前看到的内容（见图6-9），以及他们在单（点）击之后看到的内容。应在视频说明的第一部分描述视频重要内容，这是观看者最先看到的部分。

图6-9 单（点）击"展开""更多"按钮查看完整说明

视频说明的第二部分可提供有关频道的其他信息，以及社交网络或网站的链接，方便观看者了解详情。还可以创建默认说明，这样就可以在上传所有视频时自动填写基本的频道信息，视频说明最多包含5 000个字符。

小资料

做YouTube广告前的素材准备和频道设置建议

（二）YouTube视频广告的类型

1．可跳过的插播广告

可跳过的插播广告（见图6-10）也叫TrueView广告、5秒可跳过的插播广告，这是YouTube最常见的广告种类之一，此类广告可能会出现在其他视频播放前、播放过程中或播放后，这种广告很适用于宣传品牌或者公司有新品推出需要大量曝光的情况。

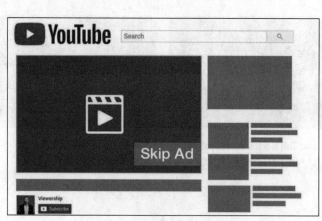

图6-10 可跳过的插播广告

2．不可跳过的插播广告

不可跳过的插播广告（见图 6-11）是以每千次展示费用为基础的付费广告，广告时长不超过 15 秒，可在其他视频播放前、播放过程中或播放后播放，观看者无法选择跳过此类广告。

图 6-11　不可跳过的插播广告

3．视频发现广告

视频发现广告一般出现在搜索结果旁边以及观看页面、YouTube 首页和其他网站上的强影响力展示位置，如图 6-12 所示。视频发现广告也可以直接出现在品牌频道上，吸引用户前往频道首页进行进一步的互动。用户每观看一次视频发现广告，都会在 24 小时内再观看一个品牌视频。

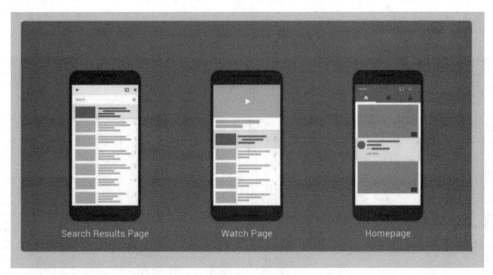

图 6-12　视频发现广告的位置

4．导视广告

导视广告（见图 6-13）也叫 6 秒不可略过导视广告。这类广告对视频的结构设计要求比较高，需要把视频压缩到 6 秒，通过简短却吸引人的内容吸引大量用户。

与不可跳过的插播广告一样，导视广告是按每千次展示次数收费的，有人可能会想6秒的广告可能不足以吸引用户的注意力，但事实恰恰相反，如果希望提高自己的品牌知名度，则可以使用导视广告，但不建议预算比较有限的广告主采用。

图6-13　导视广告

5．外播广告

外播广告可以扩大视频广告在移动设备上的覆盖面，使用这类广告有助于吸引更多用户。外播广告是专门面向移动设备的广告，并且仅在 Google 视频合作伙伴的网站和应用中展示，YouTube 上无法展示外播广告。

6．标头广告

标头广告（见图6-14）可以在 YouTube 主页上投放，非常适合在所有设备上向广大受众展示品牌，广告主可以根据 CPD（每日费用）或 CPM（按每千次展示次数付费）投放该广告。标头广告适用于希望在短期内吸引大量受众、提高对新产品或服务的认知度的企业，但是投放这类广告非常昂贵，并且有一定的花费门槛，它采取预约制，所以通常只有大型企业在推新产品的时候才会考虑使用这类广告。

图6-14　标头广告

（三）YouTube 视频营销策略

1．了解用户

想要让视频营销更加有效，需要从潜在用户进行研究，了解用户的需求和偏好。需要确定，用户使用什么渠道播放视频；用户使用的语言类型，以及哪种语言能更好地传达产品的信息；用户有哪些需求或痛点，可以为其提供的解决方案有哪些等。企业只有足够了解用户，在面对用户的问题和需求时，才能制作出有针对性的视频。

2．打造品牌

打造品牌会扩大企业产品的影响力，无论是创建视频还是进行产品直播，都需要与品牌保持一致。长期打造品牌不仅会提高账号权重，而且会增加用户对品牌的识别度。因此，建议在制作的视频中添加品牌元素，如在开头和结尾添加简短的品牌介绍，或者添加品牌标志，以加深用户对品牌的印象。

3．明确视频主题

现今互联网上有大量视频，无不在争夺潜在用户的注意力，因此在制作视频时，首先需要明确视频主题，以快速准确地吸引到精准用户。其次用标题和描述清楚表达主题，因为大多数用户第一眼看见的就是标题，一个优质标题尤为重要，能吸引用户点击视频。最后想要用户观看 5 分钟及以上的视频，可以在视频摘要中简单介绍一些要点信息，如用户看完视频后能获得的好处等。

4．使用社会证明

社会证明是用户做购买决策的一个关键性影响因素。简单来说，社会证明可以帮助用户在不确定的情况下根据他人在过去做出的选择做决策，企业可以根据自身的预算，将专家或者影响力较大的人纳入视频营销策略。

5．优化视频

优化视频也是视频营销策略的方案之一，建议做到以下几点，以便于潜在用户搜索相关主题时发现视频：为视频规划关键字；在标题和描述中添加关键字；保持标题简短（少于 60 个字符）以及提供有用信息；包含指向网站的链接；使用不同关键字变体的标签；使用醒目的、高质量的缩略图。

6．加入号召性用语

在视频中应包含希望用户响应的特定号召性用语。行动呼吁（CTA）是告诉用户下一步应该做什么，如果没有 CTA，大多数用户会直接选择离开。CTA 有不同的形式和不同的用途，可激励用户采取不同的行动，例如：在评论中提出用户可以回答的问题；将用户引导到另一个视频；向用户推荐另一个相关视频；让用户跳转到目标网页；将用户引导到网站；让用户订阅 YouTube 频道；让用户通过其他社交媒体渠道与企业联系；提供免费试用等。

7．分析视频数据

跟踪和分析视频的相关数据，可以最大限度地提高视频的效果，并根据不同指标衡量视频的效果。

① 参与率。

查看用户的参与率，可以看视频获得了多少次互动和用户观看视频的时间。此指标可反映内容的质量以及视频是否过长。

② 查看次数。

查看次数即视频被观看的次数是多少。在应用查看次数指标时，应了解每个平台是如何衡量观看次数的，例如：YouTube 是观看时长大于 30 秒的次数，Facebook 是观看时长大于 3 秒的次数。

③ 播放率。

播放率主要指在不同平台上有多少独立访问者点击了视频播放按钮。从这个数据可以得知用户对每个平台的使用情况。需要注意的是，播放率可能受缩略图、标题或视频大小的影响。

④ 社交分享。

社交分享指视频在社交媒体上被用户分享了多少次，如果用户对视频感兴趣或者认为视频内容价值较高，那么就可能转发视频。视频被大量转发，意味着视频内容与潜在用户产生共鸣。

⑤ 评论。

制作者可以利用用户评论制作能够与观看者保持良好互动的新视频。

三、任务实施

按照 5～6 人一组组成跨境视频营销团队，每个团队根据自己所调研公司的主营产品、公司主要营销目标，完成 YouTube 视频营销过程中相关任务的实施，并制作一份 YouTube 视频营销推广方案。

步骤一：每个团队创建一个 YouTube 频道，填写基本信息，并对频道主页进行布置和美化，包括头像、横幅、水印等，完成表 6-3。

表 6-3　YouTube 频道自定义

	名称	
基本信息	标识名	
	说明	
	头像	
品牌	横幅	
	水印	

步骤二：制作视频并完成视频上传工作，包括视频主题的确定、视频内容的设计、视频的拍摄和制作、缩略图设计、视频标题撰写以及视频说明等内容，完成表 6-4。

表 6-4　YouTube 视频制作与上传

视频主题	
视频内容	
视频拍摄和制作	
缩略图	
视频标题	
视频说明	

步骤三：为进一步推广频道主页和视频，宣传公司品牌和产品，请为视频创建广告，包括选择广告目标、填写着陆页和按钮标签、选择地理位置和语言、选择受众和兴趣定位以及设置每日预算金额，并完成表 6-5。

表 6-5　创建 YouTube 视频广告

广告目标	
着陆页	
按钮标签	
地理位置	
语言	
受众	
兴趣定位	
每日预算金额	

四、知识拓展

阅读材料：YouTube 实用工具推荐

1. YouTube Video Builder

YouTube Video Builder（见图 6-15）是一款全新的 YouTube 工具，它可以简单快速地帮助没有视频素材的用户通过静态素材生成视频。用户可以通过素材库中的音乐为图片、文本和 Logo 设置动画，还可以根据信息和目标从各种布局中选择，自定义颜色和字体并快速生成简短的 YouTube 视频（时长为 6 秒或 15 秒）。

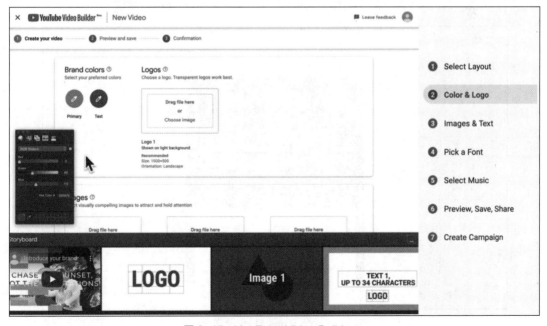

图 6-15　YouTube Video Builder

2. YouTube Director Mix

YouTube Director Mix（见图 6-16）的核心在于同一个视频可以在面对不同的用户时自动调整。同一组视频广告的创意素材，只需要一些不同的元素（例如产品包装图像、背景声效、文案标语、动画轨迹等），就可针对不同的用户自动调整，灵活高效，轻松为兴趣迥异的用户量身打造不同的个性化导视广告，真正做到"千人千面"。

图 6-16　YouTube Director Mix

3. YouTube Mockup Tool

利用 YouTube Mockup Tool（见图 6-17）可以很好地查看广告在 YouTube PC 端、移动端或全屏下的展示效果，操作十分简单，只需上传一个视频，选择预览，并分享广告样板，即可进行展示或审查，可在上传 YouTube 视频或者广告前用此工具进行预览。

图 6-17　YouTube Mockup Tool

五、同步拓展

① 利用 YouTube 工具，为企业设计并制作一个品牌宣传视频，并上传至频道首页。

② 利用 YouTube 工具，针对不同类型的受众，将同一组视频广告的创意素材（产品包装图像、背景声效、文案标语、动画轨迹等）经过加工，制作成不同的宣传视频，为兴趣迥异的受众量身打造不同的个性化导视广告。

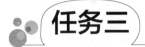

任务三 TikTok 短视频营销

一、任务描述

在流量红利逐渐消失的情况下，短视频所带来的全新流量成为跨境电商企业角逐与深耕的新战场，巨大的短视频流量池里蕴含着无法预估的商业机会。短视频是指在各种新媒体平台上播放的、适合用户在移动状态和短时休闲状态下观看的、高频推送的、时长较短的视频。任务三主要介绍短视频营销的特点、境外短视频营销平台以及 TikTok 短视频营销策略等内容。

二、相关知识

（一）短视频营销的特点

短视频是继文字、图片、传统视频之后新兴的又一种内容传播媒体，它融合了文字、语音和视频，可以更加直观、立体地满足用户表达、沟通、展示与分享的诉求。随着移动终端的普及和网络提速，短、平、快的大流量传播内容逐渐获得平台、用户和资本的青睐。

1．内容精练，符合用户消费习惯

短视频的时长一般在 15 秒到 3 分钟，最佳时长为 60 秒左右，其内容包括技能分享、幽默娱乐、时尚潮流、社会热点、街头采访、公益教育、广告创意、商业定制等。短视频短小精悍、内容丰富、题材多样、灵动有趣、娱乐性强，注重在短时间内抓住用户的注意力，其内容紧凑、节奏快，符合用户碎片化的使用习惯，方便用户直观、便捷地获取信息，节省用户的时间成本。

2．制作简单，维护成本低

与传统视频广告高昂的制作和推广费用相比，短视频在制作上传、推广等方面具有较强的便利性和较低的维护成本。跨境电商企业可以运用充满创造力和吸引力的制作方法创作出精美、震撼的短视频，以此表达企业的品牌文化和产品特点。短视频可以免费观看，因而有庞大的用户群体，精良、丰富的视频内容能够提升用户对短视频所推广品牌的认知度与对产品的好感度，从而使品牌和产品以较低的成本得到有效的推广。短视频的迅速传播并不会耗费太多的成本，只要其内容击中用户的痛点和需求点即可。

3．互动性强，满足用户社交需求

短视频并非传统视频的微缩版，而是一种信息传递的新方式。用户可以通过短视频 App

拍摄各种内容并将其分享到社交平台，同时参与热门话题讨论，突破时间、空间等的限制，提高用户的参与感和互动感。短视频这种新型社交方式给用户带来全新的社交体验。短视频几乎都可以进行单向、双向甚至多向的交流。这种较强的互动性使短视频不仅能满足用户的社交需求，还能使产品或品牌的宣传、营销效果等得到有效提升。

4．传播速度快，覆盖范围广

短视频容易实现裂变式传播，用户可以在平台上分享自己制作的短视频，以及观看、评论、点赞他人的短视频。丰富的传播渠道和方式使短视频传播的力度大、范围广。用户除了可在短视频平台转发和传播短视频外，还可以将其分享到其他社交平台，如 Facebook、WhatsApp、Instagram 等，进而形成更多的流量，进一步扩大短视频的传播范围。

5．目标精准，营销效果好

短视频营销具有指向性优势，它可以准确地找到目标受众，从而实现精准营销。短视频平台通常会设置搜索框，并对搜索引擎进行优化，用户可以在平台上搜索关键词，这一行为会使短视频营销更加精准。跨境电商企业还可以通过在短视频平台发起活动和比赛等聚集用户。短视频营销的高效性体现在用户可以边看短视频边购买商品，营销人员可以将商品的购买链接放置在短视频播放界面，从而实现用户的快速购买。

6．数据清晰，营销效果可衡量

短视频运营者可以对短视频的传播和营销效果进行分析与衡量，如分析点赞量、关注量、评论量、分享量等。运营者通过这些数据可以衡量短视频的营销效果，然后筛选出可以促进销量增长的短视频，为营销方案提供正确的指导。

（二）境外短视频营销平台

1．TikTok

TikTok 是字节跳动旗下的短视频社交平台，于 2017 年 5 月上线，其拥有庞大的下载量及活跃用户量。TikTok 已经成了全球最受欢迎的应用程序之一，应用程序全球下载量已达 26 亿次，全球月活跃用户已突破 12 亿。

2．Instagram Reels

Instagram Reels 是 Instagram 新推出的短视频社交平台。通过 Instagram 应用程序首页底部的 Reels 图标以及 Explore 探索页面，可以找到 Reels 页面。Instagram Reels 平台内的视频是垂直格式的短视频，时长可达 60 秒，包括多个视频片段、滤镜、标题、互动背景、贴纸和特效等。

小资料

TikTok 养号攻略

Instagram 现在拥有超过 13 亿月活跃用户，在 2020 年 8 月推出 Instagram Reels 后，Instagram Reels 成了品牌的另一种营销工具，也是 TikTok 有力的竞争对手。相比 TikTok，Instagram Reels 迎合了更广泛的人群，也更适合营销人员通过一分钟或更短时间扩大品牌知名度和影响力。

3．YouTube Shorts

YouTube Shorts 是 YouTube 将其长视频平台转变为包含短视频内容的平台的新尝试。YouTube 于 2020 年 9 月首次开始对 YouTube Shorts 进行测试，现在已经可供全球用户使用。使用 YouTube App 时，可以看到 YouTube Shorts 有自己的专用标签。用户可以创建长达 60 秒的短视频，与其他短视频平台类似，用户也可以直接在应用程序内编辑短视频。YouTube 数据显示，截至 2022 年 6 月，YouTube Shorts 现在有超过 15 亿月度活跃用户。

4．Triller

Triller 成立于 2015 年，总部位于美国洛杉矶，是一款由 AI 技术驱动的音乐视频应用，也是 TikTok Musical Theater 功能的竞争对手。Triller 具有媒体、音乐和社交三大属性。

Triller 扎根于音乐，早期以嘻哈音乐为主，现将热门音乐和流行音乐作为主要标签。该平台在音乐艺术家中很受欢迎，用户可在应用程序中拍摄多段视频，然后利用 AI 自动筛选最佳片段，制作成专业性较强的音乐视频。

（三）TikTok 短视频营销策略

短视频符合移动互联网时代用户的消费需求，且受众以年轻人为主，存在巨大的消费潜力。跨境电商企业做好短视频企业号运营，有助于搭建品牌私域流量池，扩大品牌传播范围，提高品牌知名度。下面以 TikTok 为例，介绍短视频营销策略。

1．打造多账号矩阵营销

任何拥有 TikTok 个人账号的用户都可以将该账号切换到 TikTok 企业号，达到特定条件后，可以申请"蓝 V"认证。TikTok 的"蓝 V"包含原 Musical.ly 平台拥有创作者徽章的知名创作者，知名人物、企业、品牌，TikTok 优秀创作者，以及 TikTok 广告投放企业四种类型。

在企业号运营过程中，可能会遇到粉丝下降或增长乏力的问题。为了避免出现这种问题，运营人员可以基于品牌价值、各个产品线等打造账号矩阵，让不同账号的粉丝相互转移；也可以在其他短视频平台上开设企业号，进行内容编辑和优化，沉淀更多的优质用户；还可以对已有的核心用户进行精细化运营，增强用户的参与感，使其主动为品牌进行口碑宣传。

2021 年"双十一"期间，Lazada 选择在 TikTok 运用多个账号进行矩阵营销（见图 6-18），成功创造了超过 260 万次的讨论量和超出往常 20 倍的订单数。

图 6-18　Lazada 在 TikTok 的矩阵营销

2．充分运用购物车工具

TikTok Shopping（即购物车工具）是基于 TikTok 生态的集销售和广告功能于一体的产品系列，分为 TikTok Shop（小店）和 TikTok Storefront（合作店）两种模式。购物车工具可以帮助跨境电商卖家更好地缩短交易路径，完善电商交易场景。

TikTok Shop 已在印度尼西亚和英国推出，符合条件的商家可以直接在上面上传商品，并在后台管理从销售到运输的所有电商环节。TikTok Storefront 主要面向美国市场推出，被称作 TikTok 美国小黄车，平台采用申请审核制。想要申请入驻的商家，必须有一个使用 Shopify、Square、Ecwid、PrestaShop 等建站平台建立的美国地区独立站，并且还要拥有粉丝数大于 100 人的 TikTok 账号，以及 TikTok Ads 账户。成功入驻后，商家可以通过授权的方式将自己独立站的商品快速导入 TikTok Storefront，商家的 TikTok 账号的资料页面将出现一个购物车标签，消费者可以在不离开 TikTok 的情况下浏览商品，并直接进入商家的在线商店结账。

3．利用企业创意中心功能

在 TikTok 应用程序"设置和隐私"菜单的"企业套件"中可以找到企业创意中心功能。所有注册了 TikTok 企业号的品牌可以在 TikTok 应用内免费使用这个功能，用来获得大热创意推荐，更好地寻找企业号内容创作的灵感，查看热点话题。创意中心提供视频内容创建指南，并持续更新 TikTok 最新趋势，从而帮助品牌商更轻松地创建出优质的视频。

4．利用 TikTok 直播功能

直播功能是现阶段 TikTok 上转化效果最好的功能。TikTok 直播主要有四种形式，分别是品牌直播间、单品直播、探厂走播、展览现场直播。在品牌直播间里，卖家需要做的就是重点介绍品牌新品、热销产品、利润款产品。因为境外消费者没有看直播的习惯，如果主播介绍的量太多，会让他们觉得特别乱，所以可以先让消费者对品牌或店铺有一个好的印象，使其形成品牌意识，然后卖家可以对每个产品都演示一下如何下单购买，等消费者养成了观看直播的习惯，再开始逐步增加产品数量。

▌三、任务实施

按照 5～6 人一组组成跨境电商短视频营销团队，每个团队根据自己所调研公司的主营产品、公司主要营销目标，完成 TikTok 短视频营销过程中相关任务的实施，并制作一份 TikTok 短视频营销推广方案。

步骤一：每个团队根据自己所调研公司的主营产品对 TikTok 账号进行定位，对用户画像、目标市场、产品关键词等内容进行调研分析，并完成表 6-6。

小资料

TikTok 用户画像——以美国市场为例

小资料

独立站如何通过 TikTok 进行引流

表 6-6　TikTok 账号定位

用户画像	性别	
	受教育程度	
	年龄	
	兴趣爱好	

续表

	收入水平	
用户画像	感兴趣的内容	
	使用语言	
	国家/地区	
目标市场	市场风俗	
	流行文化	
	产品使用场景	
产品关键词	核心关键词	
	长尾关键词	

步骤二：根据公司产品特点、用户画像以及目标市场特征选择视频类型（产品介绍、品牌故事、蹭热点事件、问答互动、创意类活动等），撰写视频文案，完成表6-7。

表6-7 视频类型和文案

视频类型	
视频文案	

步骤三：根据视频类型和文案，利用工具进行 TikTok 短视频的拍摄和剪辑。

四、知识拓展

阅读材料：短视频营销工具介绍

（一）视频剪辑工具

1．剪映

剪映（见图6-19）是字节跳动旗下的视频剪辑软件，有移动端和 PC 端，新手也可以很快上手，基本能满足日常的剪辑需求。剪映境外版是 CapCut，功能和剪映类似。

图6-19 剪映

2．Pr

Pr 全称 Adobe Premiere Pro（见图 6-20），是由 Adobe 公司开发的一款视频编辑软件，提供采集、剪辑、调色、美化音频、字幕添加、输出、DVD 刻录的一整套流程，并和其他 Adobe 软件高效集成，满足专业的剪辑需求。

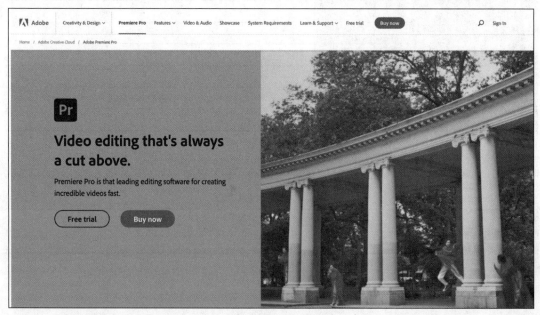

图 6-20　Pr

（二）背景音乐素材

1．站长素材

站长素材（见图 6-21）提供各类音效的素材，可用作视频的背景音乐。

图 6-21　站长素材

2．mixkit

mixkit（见图 6-22）提供免费版权音乐下载，用户可根据适用的场景、音乐类型等进行选择。mixkit 不会出现短视频因侵权而下架或者消音的情况。

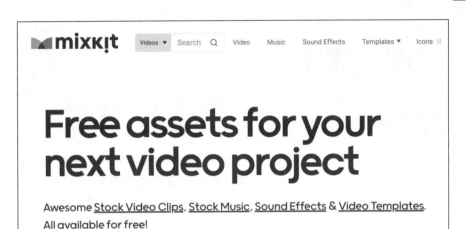

图 6-22　mixkit

3．videvo

videvo（见图 6-23）提供免费的视频素材、音乐轨道和音效。

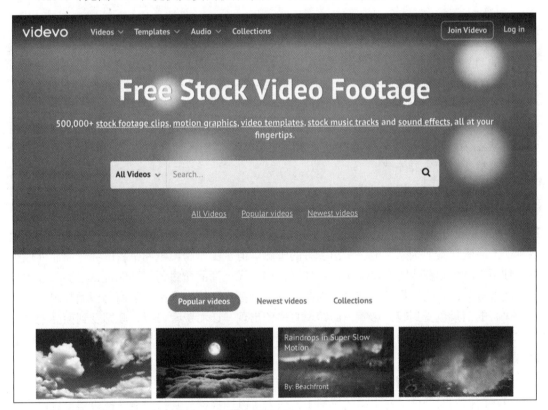

图 6-23　videvo

五、同步拓展

① 注册并熟悉阅读材料中短视频营销相关工具。
② 利用以上工具，完成跨境电商企业营销短视频的制作任务。

任务四 直播营销

一、任务描述

在跨境电商领域，传统在线交易平台所能获得的流量十分有限。直播的热潮已经向境外持续蔓延，很多跨境电商卖家在开启直播营销后的流量数据呈指数增长。在跨境直播营销过程中，积极的交流互动塑造了跨境电商消费者的信心并激发了消费者购买的欲望。任务四主要介绍直播营销的优势、直播营销活动的基本流程以及直播脚本的撰写等内容。

二、相关知识

（一）直播营销的优势

1．实时互动拉近双方距离

传统的跨境电商营销方式主要是商家通过商品主图、详情页以及视频的方式向消费者传达自己的商品信息，消费者只能通过图片、文字和视频获取商品的有效信息。而在直播营销活动中，以美妆产品为例，主播首先会对商品的品牌进行详细的介绍，进而对外观进行展示，在试用的过程中也会介绍商品的使用方法以及适用肤质等。在整场直播活动中，境外消费者都可以在公屏上提出自己的疑问，主播看到后会一一解答，当公屏上出现了自己想问的问题时，消费者会感觉自己与其他消费者有相同的想法，这在无形之中拉近了消费者之间的距离，会让消费者产生群体感。

2．体验感真实，提高成交率

跨境电商的发展，改变了境内外消费者传统跨境购物的方式，不仅为人们的生活提供了巨大的便利性，也促进了商品的流通。各个国家（地区）都有自己的特色产品，不少国家（地区）的产品受到其他国家（地区）消费者的青睐。但是由于跨境电商平台的部分商品处理过度，让不少消费者在购物的过程中产生怀疑，加上线上商品质量得不到保证，物流时效比较差，退换货流程比较麻烦且成本高，因此不少消费者对跨境电商平台的商品望而却步，跨境电商平台的销量也受到较大影响。而跨境直播的出现，让消费者可以直观感受到商品的真实性，主播也会根据商品的特性对商品进行在线试吃、试穿、试戴等操作，让消费者明确商品是否符合自身需求，这在提高成交率的同时也能降低退货率。

3．低成本带来高回报

直播门槛相对较低，在主播的选择上，商家可以选择网红直播或者自己直播，只要有合适的场地和直播道具即可，设备成本低。即便是选择网红主播，也可以根据商品的不同、利润率的不同给予其对应的提成。总体而言，直播的人力成本较低，但直播营销做得好，却能给跨境电商企业带来高额的经济收益。以一家美妆店铺为例，如果商家想要获取高额的流量，必然要花费大量的时间和精力进行引流，当下跨境电商商家竞争激烈，虽然花费高额的广告费用，但边际效益却递减，如果广告内容不够深入人心，最终可能是竹篮打水一场空。相比之下，跨境直播营销的成本低得多，很多跨境电商商家只要开店之后就可以带货直播，在短视频平台通过短视频引流之后也可以进行直播带货，并且这种类型直播的粉丝忠诚度比较高，商家可以采用多平台同时直播，成交率也会得到提高。

（二）直播营销活动的基本流程

1．定目标：明确直播营销目标

对于跨境电商企业/品牌商来说，直播是一种营销手段，因此直播时不能只有简单的才艺表演或话题分享，而要围绕跨境电商企业/品牌商的营销目标展开，否则直播无法给跨境电商企业/品牌商带来实际的效益。

跨境电商企业/品牌商可以参考 SMART 法则制定直播营销目标，尽量让营销目标科学化、明确化、规范化。SMART 法则的内容如图 6-24 所示。

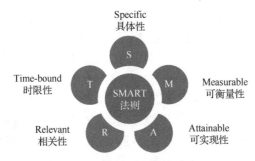

图 6-24　SMART 法则的内容

2．写方案：将抽象思路具体化

开展直播营销要有完整的营销思路，但仅靠思路是无法实现营销目标的。跨境电商直播运营团队需要将抽象的思路转换成具象的文字表达，用方案的形式呈现出来，并将其传达给参与直播的所有人员，以保证直播活动顺利进行。

直播方案一般用于直播运营团队的内部沟通，目的是让参与直播的人员熟悉直播活动的流程和分工。直播方案要简明扼要，直达主题。通常来说，完整的直播方案包括直播目标、直播简介、人员分工、时间节点以及预算五部分内容，如表 6-8 所示。

表 6-8　直播方案的主要内容

直播方案要点	说明
直播目标	明确直播需要实现的目标、期望吸引的用户人数等
直播简介	对直播的整体思路进行简要的描述，包括直播的形式、直播平台、直播特点、直播主题等
人员分工	对直播运营团队中的人员进行分组，并明确各人员的职责
时间节点	明确直播中各个时间节点，包括直播前期筹备的时间点、宣传预热的时间点、直播开始的时间点、直播结束的时间点等
预算	说明整场直播活动的预算情况，包括直播中各个环节的预算，以合理控制和协调预算

3．做宣传：做好直播宣传规划

为了达到良好的营销效果，在直播活动开始前，直播运营团队要对直播活动进行宣传。与泛娱乐类直播不同，带有营销性质的跨境电商直播追求的不是在线观看人数，而是目标用户在线观看人数。例如，对于一场推广母婴用品的直播，从营销的角度来讲，直播运营团队应该尽量吸引婴幼儿的父母、爷爷、奶奶等人进入直播间，而如果直播运营团队因为追求直播的在线观看人数而吸引了很多大学生观看直播，这对实现直播营销目标是没有价值的。因此，直播宣传要有针对性，尽可能多地吸引目标用户来观看。同时，直播运营团队需要分析目标用户群体的上网习惯，以合适的宣传频率在目标用户群体经常出现或活跃的网站发布直播宣传信息。

4．备硬件：筹备直播活动硬件

为确保直播活动顺利进行，在开始直播前，直播运营团队需要筹备必要的硬件，包括选择场地、直播设备、直播辅助设备等。

直播活动的场地分为室外场地和室内场地。常见的室外场地有公园、广场、景区、游乐场、商品生产基地等，常见的室内场地有店铺、办公室、咖啡馆等。直播运营团队要根据直播活动策划的需要选择合适的直播场地，选定场地后对场地进行适当的布置，为直播活动创造良好的环境。

在直播筹备阶段，直播运营团队要将直播需用到的手机、摄像头、灯光、网络等直播设备调试好，防止设备发生故障，以免影响直播活动顺利进行。

直播辅助设备包括直播商品、直播活动宣传物料、直播中需要用到的辅助道具等。直播商品作为直播活动的主角，在直播开始前就应当准备好，以便主播在直播过程中能够快速地找到并进行展示。直播活动宣传物料包括直播宣传海报、直播宣传贴纸等各种能够在直播间出现的宣传物料。直播中需要用到的辅助道具包括商品照片、做趣味实验要用到的工具、计算器等，主播巧妙地使用辅助道具能够更好地展示商品，让用户理解直播内容和商品特性。

5．开直播：直播活动的执行

做好直播前的一系列筹备工作后，接下来就是正式开展直播活动。直播活动的开展可以进一步拆解为直播开场、直播过程和直播收尾 3 个环节，各个环节的操作要点如表 6-9 所示。

表 6-9　直播活动各环节操作要点

环节	操作要点
直播开场	通过开场互动让用户了解本场直播的主题、内容等，使用户对本场直播产生兴趣，并停留在直播间
直播过程	借助营销话术、发红包、发优惠券、才艺表演等方式，进一步加深用户对本场直播的兴趣，让用户长时间停留在直播间，并产生购买行为
直播收尾	向用户表示感谢，并预告下场直播的内容，引导用户关注直播间，将普通观众转化为直播间的忠实粉丝；引导用户在其他社交媒体平台上分享本场直播或本场直播中推荐的商品

6．再传播：二次传播，增强直播效果

直播结束并不意味着整个直播工作的结束。在直播结束后，直播运营团队可以将直播活动的视频进行二次加工，并在 TikTok、YouTube、Facebook、Instagram、Twitter 等平台上进行二次传播，最大限度地增强直播效果。

7．做总结：直播复盘，总结经验

在直播营销中，复盘就是直播运营团队在直播结束后对本次直播进行回顾，评判直播营销效果，总结直播的经验教训，为后续直播提供参考。对于效果超过预期的直播活动，直播运营团队要分析直播各个环节的成功之处，为后续直播积累成功经验；对于效果未达预期的直播活动，直播运营团队则要总结此次直播的失误之处，并寻找改善方式，避免在后续的直播中再次出现相同或类似的失误。

直播营销复盘包括直播间数据分析和直播经验总结两个部分，其中，直播间数据分析主要是利用直播中形成的客观数据对直播进行复盘，体现直播的客观效果；直播经验总结主要

是从主观层面对直播过程进行分析与总结，分析的内容包括直播流程设计、团队协作效率、主播现场表现等，直播运营团队通过自我总结、团队讨论等方式对这些无法通过客观数据表现的内容进行分析，并将其整理成经验手册，为后续开展直播活动提供有效的参考。

小资料

跨境电商如何玩转
直播带货

（三）直播脚本的撰写

1. 整场直播活动脚本设计

一场直播通常会持续几个小时，在这几个小时里，主播先讲什么、什么时间互动、什么时间推荐商品、什么时间送福利等，都需要提前规划好。因此，直播运营团队需要提前准备好整场直播活动脚本。

整场直播活动脚本是对整场直播活动的内容和流程的规划与安排，重点是规划直播活动中的玩法和直播节奏。通常来说，整场直播活动脚本应该包括表 6-10 所示的几个要点。

表 6-10　整场直播活动脚本要点

整场直播活动脚本要点	说明
直播主题	从用户需求出发，明确直播主题，避免直播内容没有营养
直播目标	明确直播活动要实现何种目标，是积累用户，提高用户点击率，还是宣传新品等
主播介绍	介绍主播、助播的名字、身份等
直播时间	明确直播开始、结束的时间
注意事项	说明直播中需要注意的事项
人员安排	明确参与直播的人员的职责。例如，主播负责引导关注、讲解商品、解释活动规则；助理负责互动、回复问题、发放优惠信息等；后台/客服负责修改商品价格、与粉丝沟通转化订单等
直播的流程细节	详细说明开场预热、商品讲解、优惠信息、用户互动等各个环节的具体内容、如何操作等问题。例如，什么时间讲解哪一款商品，具体讲解多长时间，什么时间抽奖等，尽可能把时间都规划好，并按照规划执行

优秀的整场直播活动脚本一定要考虑到细节，让主播从上播到下播都有条不紊，让每个参与人员、每个道具都得到充分的调配。

2. 单品直播脚本设计

单品直播脚本是针对单个商品的脚本。在一场直播中，主播会向用户推荐多款商品，主播必须对每款商品的特点和营销手段有清晰的了解，才能更好地将商品的亮点和优惠活动传达给用户，刺激用户的购买欲。为了帮助主播明确商品卖点，熟知每款商品的福利，直播运营团队应为直播中的每款商品都准备一份对应的直播脚本。

直播运营团队可以将单品直播脚本设计成表格形式，将品牌介绍、商品卖点、直播利益点、直播时的注意事项等内容都呈现在表格中，这样既便于主播全方位地了解直播商品，也能有效地避免相关人员在对接过程中产生疑惑。表 6-11 所示为某品牌一款电热锅的单品直播脚本。

表 6-11　某品牌一款电热锅的单品直播脚本

项目	商品宣传点	具体内容
品牌介绍	品牌理念	XX brand takes it as its own responsibility to provide users with exquisite, innovative and healthy small household appliances. Our brand advocates enriching life with a pleasant, creative and real life experience. Choosing xx brand is not only a choice of products, but also a choice of lifestyle.

续表

项目	商品宣传点	具体内容
商品卖点	产品外观具有设计感	① The split design can be used as a pot or a bowl ② The food with proper capacity can be cooked for any person or meal at a time ③ The pot has a non stick coating, which is easy to clean
	用途多样化	It has many cooking functions such as boiling, rinsing, frying, soldering and frying.
直播利益点	"黑色星期五"特惠提前享受	Buy this electric cooker in the live studio today and enjoy the same price as the "Black Friday" event. Just note "Live streamer's name" when placing an order.
直播时的注意事项		① 在直播进行时，直播间界面显示"关注店铺"按钮 ② 引导用户分享直播间、点赞等 ③ 引导用户加入粉丝群

三、任务实施

按照 5～6 人一组组成跨境电商直播营销团队，每个团队根据自己所调研公司的主营产品、公司主要营销目标，完成跨境电商直播营销活动中相关任务的实施，并制作一份直播营销推广方案。

步骤一：明确公司直播营销目标，并撰写直播营销方案，包括直播简介、人员分工、时间节点以及预算等内容，完成表 6-12。

表 6-12　直播营销方案

直播营销目标	
直播简介	
人员分工	
时间节点	
预算	

步骤二：撰写直播脚本，自选所调研公司的一款产品，完成单品直播脚本撰写（英文），包括开场和暖场、主播介绍、品牌介绍、产品卖点（外观、功能等）、福利活动、互动以及结尾等内容，完成表 6-13。

表 6-13　单品直播脚本

产品名称		
开场和暖场		
主播介绍		
品牌介绍		
产品卖点	外观	
	功能	
福利活动		
互动		
结尾		

步骤三：根据直播营销方案和单品直播脚本，策划并完成一场跨境电商直播营销活动。

四、知识拓展

阅读材料：跨境电商企业要如何做好直播复盘

直播间的转化率不高，大部分人第一时间想到的可能是主播不行或者产品不行。这两点都对，但是都不够全面。跨境电商直播营销是一个非常庞大、精密而又复杂的项目，转化率低的原因不只是主播讲得不够好，也不只是产品选得不好。直播复盘的意义是为了把经验转化为能力，分析每场直播的优点和不足，及时做出策略调整，帮助下一场直播做得更好。

（一）商业模式

跨境电商企业要根据自己的产品选择适合自己的商业模式，那如何确定商业模式呢？主要考虑两方面。第一，企业的目标客户是谁？能为他们提供什么价值？例如 TikTok 上的这个账号（见图 6-25），它的目标客户是青少年，能为客户提供的价值是娱乐价值。

图 6-25　TikTok 玩具球商家

第二，企业的盈利模式是什么？只有客户价值主张还不够，企业还要有好的盈利模式。有很多短视频创作者就是没有仔细思考账号的盈利模式，账号内容不垂直，盲目跟风，导致账号的几十万个甚至几百万个粉丝都很难变现。企业的盈利模式直接影响自由现金流能力。例如上述的玩具球案例，它的盈利模式可以分为三步：首先引流到独立站，其次开通 TikTok Shop，最后开通直播带货。盈利模式不同，结果就会不同，打造多种盈利模式，可以让流量变现变得轻松化、持久化、被动化。

（二）人、货、场复盘

1．人员复盘

主播：复盘直播过程中的话术、产品讲解、控场情况等。

场控：复盘直播中的实时目标关注情况、突发事件预警能力等。

助理：复盘产品上下架、直播间设备、与主播配合情况等。

运营：复盘预热视频的准备和发布，巨量千川的投放操盘问题等。

客服：复盘活动福利说明、直播过程中回答粉丝的提问情况等。

2．货品复盘

货品复盘主要是复盘直播间的产品顺序是否合理，引流款、利润款、主推款数量分配是否合理，产品的核心卖点提炼是否到位，直播间的货品展示是否清晰美观等。

3．场景复盘

场景复盘相较于人和货的复盘而言比较简单，主要是复盘场地布置、直播间背景、直播间灯光等直播设备、产品陈列情况等。

（三）数据复盘

1．实时概览

实时概览里可以直观了解当日整场直播成交金额、产品访客、产品点击、成交人数、成交订单数等重点数据指标。重点要对成交的高峰时间段做记录，查看直播的成交高峰期一般出现在开播后的什么时间，目的有两个：一是方便以后开播的时候，在这个时间段卖利润款产品；二是如果要投放付费流量，也需要在高峰期前 10 分钟开始投放。

2．直播间数据分析

直播间数据分析包括用户画像、流量分析、产品分析等。用户分为看播用户和支付用户，可以通过用户国家占比对用户画像进行分析（见图 6-26），为下一场直播投放找到目标人群。

图 6-26　用户画像

通过流量分析可以看到流量来源和流量转化。流量分为两种：自然流量和付费流量。流量分析的复盘重点是关注自然推荐的 Feed 流量是否打开（见图 6-27），打开 Feed 流量是直播间形成高人气的关键。

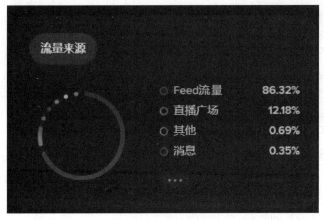

图 6-27　流量来源

通过流量转化漏斗（见图 6-28）可以看到用户在直播间产生的行为动作，然后可以有针对性地对直播活动进行优化，提高直播综合转化率。

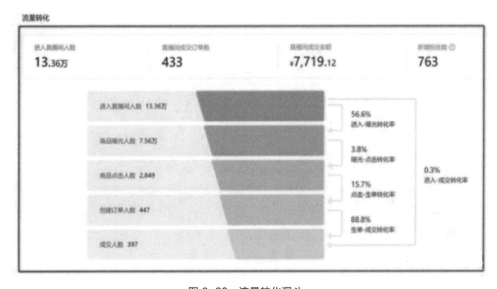

图 6-28　流量转化漏斗

流量转化漏斗从上往下分为 4 个层级，第 1 层是曝光转化率，第 2 层是点击转化率，第 3 层是生单转化率，第 4 层是成交转化率。分析不同层级转化数据低的主要原因如下。

第 1 层：曝光转化率低主要是选品问题，要优化选品。

第 2 层：点击转化率低主要是主图问题，要优化产品主图。

第 3 层：生单转化率低主要是价格或者卖点问题，要降低价格或者优化卖点。

第 4 层：成交转化率低主要是买家收货地址填写有误、付款方式开通困难等问题，导致订单超时。

产品分析主要考查成交指标和千次观看指标，为了筛选销售最好的产品在下场直播中增加库存或类似款，以及筛选用户最喜欢的产品在下场直播适当做福利款活动，增加直播间人气。而直播间的用户下单比例等于下单人数除以观看总人数，这个数据可以衡量直播间的真实购买力，也反映了主播的带货能力。一般情况下，带货转化率达到 1%以上算合格，3%以上算优秀。

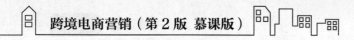

五、同步拓展

① 各团队分析在任务实施过程中各自直播营销活动中的不足之处。

② 完成直播复盘任务并撰写复盘分析报告。

项目总结

本项目主要介绍了视频营销的定义和特点，境外主流视频网站 YouTube 和 TikTok 视频（短视频）营销策略，以及直播营销等内容。对于跨境电商卖家来说，越来越多元化的跨境电商平台、不断攀升的内容关联性，将视频内容与产品推广有机融合在一起，在这一背景下，视频营销就显示出其独有的优势。

电子邮件营销

项目情境引入 ↓

根据 Yes Lifecycle Marketing 数据，注册电子邮件订阅的人数稳步下降。生命周期营销报告深入探讨了主题，并根据电子邮件主题行中列出的优惠细分了绩效分析。该报告指出，在分析的所有电子邮件中，有27%在主题中包含优惠，超过一半（54%）的电子邮件使用"优惠"消息，如图7-1所示。

Offer Type	% of Emails with Offers*	Open Rate	Unique Click Rate	Click-to-Open Rate	Conversion Rate (click)
$ Off	27%	11.7%	0.6%	8.0%	10.2%
% Off	54%	12.4%	0.9%	10.2%	7.5%
BOGO	4%	12.8%	0.8%	9.1%	8.9%
Free Shipping	9%	10.7%	0.6%	8.4%	7.7%
Loyalty Incentives	5%	19.3%	1.8%	12.3%	10.8%

*The sum of these numbers does not add up to 100% due to fractions.

图 7-1　基于电子邮件主题行提供类型的成功率

该报告研究了不同类型的触发邮件活动消息，如图7-2所示。

Trigger Type	Share of Marketers with Trigger Type	Open Rate	Unique Click Rate	Click-to-Open Rate	Conversion Rate*
Activation	4%	17.0%	1.4%	8.5%	7.7%
Anniversary	4%	17.7%	1.8%	10.2%	8.5%
Birthday	15%	17.7%	2.1%	12.0%	8.2%
Reactivation	20%	5.3%	0.5%	8.6%	4.8%
Welcome	71%	29.1%	4.7%	16.2%	5.3%
STANDARD (non-trigger)		13.4%	1.1%	8.3%	4.8%

*Conversion is defined as number of orders per click.

图 7-2　触发邮件活动的性能分析

项目任务书 ↓

项目任务书如表 7-1 所示。

表 7-1　项目任务书

任务编号	分项任务	能力目标	知识目标	素质目标
任务一	认识电子邮件营销的内涵	能为跨境电商企业进行电子邮件营销前期调研	1. 熟悉电子邮件营销的定义 2. 了解电子邮件营销优势 3. 掌握电子邮件营销常用术语	1. 增强民族自豪感 2. 树立风险防范意识，提升积极应变的职业素养 3. 培养学生遵守跨境电商营销推广岗位的职业规范和诚实守信的道德规范
任务二	了解电子邮件营销的策略	能为企业制定初步的电子邮件营销方案（标题、首句、邮件发送日期和时间等）	1. 了解电子邮件营销许可原理 2. 熟悉建立邮件列表的方式 3. 掌握电子邮件营销三大准则	
任务三	电子邮件营销的应用	能为企业设计并制作推广电子邮件	1. 熟悉如何定义目标人群 2. 了解如何选择并确定电子邮件列表 3. 掌握如何设计宣传材料 4. 熟悉如何测试电子邮件活动	
任务四	分析电子邮件营销案例	能够分析企业电子邮件营销案例	掌握如何分析电子邮件营销案例	

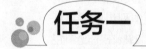

任务一　认识电子邮件营销的内涵

▋ 一、任务描述

随着流量红利的逐渐消失，跨境电商企业投放广告的成本越来越高，各大跨境电商企业都在探索适合自己的流量玩法。而电子邮件营销凭借相对低廉的流量成本和高转化率，成为跨境电商重要的营销渠道之一。任务一主要介绍电子邮件营销的定义、优势及常用术语等内容。

▋ 二、相关知识

（一）电子邮件营销的定义

电子邮件营销是在目标用户事先许可的前提下，通过电子邮件的方式向目标用户传递有价值信息的一种网络营销手段。企业可以通过电子邮件营销（EDM）建立同目标用户的沟通渠道，向其直接传达相关信息，用来促进销售。EDM 有多种用途，可以发送电子广告、产品信息、销售信息、市场调查信息、市场推广活动信息等。

电子邮件是一种公认的高性价比的网上营销工具，但是跨境电商电子邮件营销与境内电商电子邮件营销相比存在很大差异，如果企业不能正确使用 EDM，效果会适得其反。当无效的电子邮件带来了大量用户的投诉时，账户会遭到封杀，进而影响品牌声誉。

（二）电子邮件营销优势

电子邮件营销的价值主要表现在以下几个方面：使用户认识某一品牌；使用户形成对某

产品或服务的兴趣或偏好；使用户能与广告方取得联系，获取信息或购买产品、服务；管理客户关系或实现其他相关的营销目标。与传统的营销方式相比，电子邮件营销这种一对一的沟通方式优势明显。

电子邮件营销具有如下优势。

1．将信息提供给愿意接受的用户

跨境电商企业可以通过电子邮件将产品和服务的信息，直接发送给对此感兴趣并愿意接受该信息的用户。

2．与用户建立更为紧密的在线关系

跨境电商企业可以通过收集用户的需求信息，然后向用户发送定制化电子邮件，介绍企业的产品与服务。这种有针对性的主动式营销，迎合了用户需求，企业同用户之间的关系也可以得到改善。

3．成本低

电子邮件营销是一种低成本的营销方式，费用支出一般只有上网费，成本比传统广告要低得多。跨境电商企业向自己的用户发送电子邮件几乎免费，利用第三方平台进行电子邮件推广的费用也不算太高。

4．易于测试、跟踪和评价

采用电子邮件营销还能实时跟踪其效果，如可以测试企业不同的列表来源、受众选择、提议、方法创新、及时性、产品吸引力等。

小资料

跨境电商企业为什么要做电子邮件营销

（三）电子邮件营销常用术语

1．发件人行

收件人首先要看电子邮件的发件人是谁。发件人行有两个组成部分：在收件箱中显示的发件人（昵称）和打开电子邮件以后显示的发件人（详细邮箱）。

2．主题行

打开电子邮件之前看到的标题能够简短地说明电子邮件的主题。客户往往根据主题行的内容决定是否打开一封电子邮件。主题行如表 7-2 所示。

表 7-2　主题行

发件人	主题行
lookfantastic	JOYCE INTRODUCES KING AND INVITES YOU TO THE LATEST FALL/WINTER 2018 TREND PRESENTATION BY ALVIN GOH (AD)
Chemist Warehouse	Open It：Special Goods for You
eBay	Choose Your Exclusive Jeans
order-update@amazon.com	Your Amazon.com order of "Cle De Peau Translucent..." has been placed
JOYCE	SUPERSEPTEMBER—Time Is Almost Up! Order Now

3．打开率

打开率统计的是有多少收件人打开了电子邮件信息、图片或者点击了链接。要想把电子邮件的读者转化成网站的访问者，并最终转化成产品的购买者，就有必要统计邮件的打开率。

4．退信

退信指的是没有到达其目的地，被退回给发件人的电子邮件，分为硬退信和软退信两种。硬退信指的是电子邮件被发往不再存在或从来不存在的域名或电子邮件地址而被退回的电

子邮件。与硬退信相反，软退信指的是临时出现的状况使邮件无法发送而被退回的电子邮件。临时出现的状况主要有两种：一种是电子邮箱已满，另一种是服务器出现了故障。

5．退出或退订

退出或退订指的是用户请求将自身电子邮件地址从企业电子邮件列表中删除。用户可以在收到第一封电子邮件之后这样做，也可以预先勾选退出框。请求将自身电子邮箱地址从企业电子邮件列表中删除的收件人数就是退出或退订数。

6．确认

确认是指用户在确认框勾选接收电子邮件或促销信息。在通常情况下，不到 10%的用户会选择允许接收电子邮件。

7．双向确认或明确许可

用户初始注册后，会收到一封确认电子邮件，用户必须回复（点击回复或点击电子邮件中包含的 URL），才可以将自己添加到电子邮件列表。

▌三、任务实施

深圳市通拓科技有限公司（以下简称"通拓"）是境内一家跨境电商企业，成立于 2004年，在全球拥有十余家分公司，全球仓库超 10 万平方米，自主研发 24 小时全球实时响应智能 ERP 系统。除了在第三方平台上销售增长迅猛，通拓自建的综合销售平台 TOMTOP 更是取得了突飞猛进的增长。该平台的主营类目有手机及配件、遥控模型、相机及摄影器材、户外运动、影音、家居园林、美容保健、仪器仪表、汽摩配件、安防照明等，吸引了来自全球各地的用户，其主要用户来自美国、俄罗斯、巴西、法国、西班牙等国家。

按照 5~6 人一组组成跨境 EDM 团队，每个团队分别调研通拓的一大主营品类。

步骤一：每个团队选择一个品类，了解该品类产品特点。

步骤二：调研该品类产品主要针对哪些用户群体。

步骤三：了解目标用户群体主要分布的国家和地区以及当地风俗节日。

步骤四：调研目标用户群体的购物喜好和消费习性等信息，完成表 7-3。

表 7-3　EDM 前期调研分析

品类	产品特点	目标用户群体	国家和地区	风俗节日	购物喜好	消费习性

▌四、知识拓展

阅读材料：电子邮件营销六大忌

1．滥发邮件

使用电子邮件营销工具，只能将电子邮件发给那些事先经过许可的人（关于如何取得收件人的许可，有许多方法，如会员制、邮件列表、新闻邮件等）。

2．邮件主题不明确

电子邮件的主题是收件人首先看到的信息，邮件内容是否会被收件人阅读，主题起到相当重要的作用。邮件主题应言简意赅，以便收件人决定是否继续阅读邮件内容。

3．隐藏发件人姓名

如果发送电子邮件的时候隐藏发件人姓名，其电子邮件内容的可信度会大打折扣。开展跨境电商营销活动，应该以诚信为本。

4．邮件内容繁杂

电子邮件营销应力求内容简洁，用简单的内容表达出诉求点，如果有必要，可以给出一个关于详细内容的链接（URL），收件人如果有兴趣，会主动点击链接查看，内容过于繁杂只会引起收件人的反感。对于那些免费电子邮箱的使用者来说，因为有容量限制，太大的电子邮件一般是被删除的首选对象。

5．以附件插入邮件内容

有些发件人为省事，将一个甚至多个不同格式的文件作为附件插入邮件内容，这样会给收件人带来很大麻烦。因此，建议发件人采用纯文本格式的文档，把内容尽量安排在邮件的正文部分。

6．发送频率过高

研究表明，同样内容的邮件，每个月发送 2～3 次为宜。不要错误地认为，发送频率越高，收件人对电子邮件内容的印象就越深。过于频繁地发送电子邮件，只会让人厌烦，如果一周重复发送几封同样内容的电子邮件，发件人就容易被列入黑名单，这样便永远失去了潜在用户。

▌五、同步拓展

① 什么是电子邮件营销？

② 如果你将来从事跨境电子邮件营销工作，你的岗位职责是什么？要求具有哪些知识与技能？

任务二　了解电子邮件营销的策略

▌一、任务描述

几乎每个人都有一个电子邮件地址，并且电子邮件营销拥有较高的投资回报率，这使得电子邮件营销策略对跨境电商企业营销工作至关重要。任务二主要介绍电子邮件推广过程中的相关策略，包括电子邮件营销许可原理、建立邮件列表的方式、电子邮件营销三大准则等内容。

▌二、相关知识

（一）电子邮件营销许可原理

从形式上来看，发送的电子邮件是否事先获得许可，是区分许可邮件与垃圾邮件的重要标志；从内涵上来看，电子邮件所提供的价值和利益，才是决定电子邮件能否获得客户欢迎的关键所在。真正意义上的电子邮件营销是指许可电子邮件营销。垃圾邮件不仅不符合网上商业伦理，而且会对客户造成极大的伤害，同时也违反有关的法律法规。

电子邮件营销许可原理很简单，企业在推广产品或服务前，需征得客户的许可，然后再通过电子邮件的方式向客户发送产品或服务信息。例如，一些公司或企业网站在用户注册为会员或者填写在线表单时，会提供"是否希望收到本公司不定期发送的最新产品信息"的选项，或给出一个列表让其选择希望收到的信息类型等。

许可电子邮件营销的主要形式有邮件列表、新闻邮件、电子刊物等，在向目标客户提供有价值的信息的同时附带一定数量的商业广告。

（二）建立邮件列表的方式

1．利用现有客户

现有客户是跨境电商企业的优质资源。企业寻找新客户不仅代价昂贵、花费时间，而且取得其信任极为困难，而维护现有客户对企业而言则降低了开发成本。

2．利用网站访问者

通过网站上的表单建立潜在客户列表是建立邮件列表的有力手段，有三种主要策略鼓励网站访问者自愿加入邮件列表：邀请访问者订阅新闻邮件；提供免费的、无版权问题的咨询；请求访问者把网站推荐给朋友和同事。

跨境电商企业可以利用一些方法与网站访问者互动，如向回应者提供购物优惠券、创建新闻邮件、定期提供打折信息等。因此，跨境电商企业要给出适当的理由吸引访问者留下电子邮件信息以便和他们保持联系，向他们发送新的产品或服务信息。

3．投放广告

无论是利用在线广告还是非在线广告，都要留下电子邮件地址，以鼓励客户通过电子邮件与企业联系，这是因为发布这类广告的目标是把客户和潜在客户的电子邮件地址都收集到企业的邮件列表中来，企业便可以建立一个可通过电子邮件联系的可靠的客户及潜在客户列表，便可以通过发送电子邮件向客户介绍最新的产品或服务。

4．引导朋友推荐

当有潜在客户与企业联系索取免费报告或小礼品时，企业可以请求他们向他们认为可能对企业感兴趣的朋友推荐这份报告或小礼品。当有被推荐的人加入时，企业应发送一封个人化的电子邮件向其解释：自己是由朋友（给出名字）推荐来的。为保证被推荐的人不介意企业将其加入邮件列表，可在电子邮件结尾加上这样的信息："为证实这封电子邮件已经发给收件人，请回复这封电子邮件，以确信报告或小礼品已经发到了正确的地址，并且已经履行了对（朋友的名字）的许诺。"如果收件人没有对这封电子邮件给予回复，那么，为了不引起反感，假定他们对该类信息没有兴趣，不再继续给他们发送电子邮件。

5．租用电子邮件地址列表

租用电子邮件地址列表可能要花费较大的代价，根据企业要求的邮件数量、目标定位方式以及收集名字的方式，每个电子邮件地址的价格会有所不同，每个地址的价格在 0.05～0.4 美元。建议先用一个小的列表测试回应状况，或者利用电子邮件直邮服务。

电子邮件直邮服务是指把邮件发送给一批自愿加入地址列表的目标受众。应该确认提供该服务的公司确实把信息发送到自愿加入地址列表的目标受众，而且在付出任何费用之前已确认地址列表中的客户是最有可能的潜在客户。

6．直接回应邮件

跨境电商企业通过电子邮件告诉客户他们的订单状态，或对回应电子邮件的客户给予额外的奖励，从而把客户和潜在客户加入电子邮件地址列表中。

7．利用会员组织

为了共同目的而在一起工作的客户是潜在客户。如果潜在客户群属于同一个协会、校友会、俱乐部、学校或者组织，或者因为具有某种共同兴趣等而形成一个群体，那么企业可通过会员组织的新闻或公告宣传对会员的特别优惠，以及向会员提供产品或服务的折扣优惠，以获得会员的电子邮件地址列表。

（三）电子邮件营销三大准则

1．设置夺人眼球的标题

如果标题不能反映广告具有一定的价值，那么客户可能会看另一则广告或其他页面。无论是在电视上、收音机上、杂志上、报纸上、搜索结果上、网页上，还是在电子邮件中，标题尤为重要。在报纸和网站上它被称作标题，在电子邮件中它被称作主题行，如图 7-3 所示。主题行应当在 1.5 秒之内让客户能够决定该邮件是否值得花时间看，这是第一部分的 WIIFM（What's In It For Me，对客户有什么好处）交易。

图 7-3　吸引人的标题

假如一个标题吸引了客户的眼球，他会下意识地判断是继续往下读还是翻页，那么这一过程会花费多少时间呢？答案是约 5 秒。因此在电子邮件营销中，电子邮件内容第一行应当传达一个强有力的 WIIFM 信息，以在 5 秒或更短时间内吸引客户。如果在这两部分 WIIFM 交易做得成功，那么客户会继续阅读邮件，以便充分了解企业的价值主张，从而购买产品。

接下来是转化的问题。如果已经成功地说服客户，让他们相信自己确实能从邮件中得到好处，那么他们会像邮件所呼吁的那样行动。在大多数情况下，发送电子邮件的主要目的是把邮件信息转换成网页点击，当然也可以把转化定义为转发、注册或仅仅是为客户提供信息。电子邮件始终要通过提供 WIIFM 信息来维持或建立可信网络。即使把转化仅仅定义为提供信息，也要确保信息的价值至少与客户获得该信息所花的时间相当。

2. 细分使转化率最大化

细分其实就是把电子邮件列表分成几个部分，通过客户测试邮件每一个组成部分的成功程度。一种细分方法是把列表平均分成几个部分；另一种细分方法是从列表中随机抽样。

把列表平均分成几个部分，可以更均匀地测试邮件各部分。请考虑以下情形：假设邮件地址列表中共有 5 000 个客户，把他们拆分成 5 组，每组 1 000 人。针对每一组，精心编写 5 个不同的主题行。把邮件发送给 5 个组的所有客户，最重要的一点是保证电子邮件其余部分完全相同。这样就能测试 5 个不同主题行的有效性。一个星期后或更长时间（视客户回应邮件的速度而定），查看统计数据。若主题行的转化率明显较高，则继续使用；若主题行的转化率最低，则停止使用。

然后测试首句，这次主题行和电子邮件其他部分都要保持一致。等待一段时间后，查看统计数据。依次类推，大约需要 6 个月的时间，就能测试并完善电子邮件的主题行、首句、行动呼吁能力、图片、布局、配色方案，甚至 HTML 格式的电子邮件与纯文本格式的电子邮件的对比。

3. 时间定向使营销效果最大化

电子邮件营销的另一个重要组成部分是"时间定向法"。每一种媒体都要使用时间定向，以使营销效果最大化。例如，新闻有黄金时段新闻，也有夜间新闻；广播电台也有黄金时间段，即听众开车上班和下班的时间，通常是周一至周五的 7:00 至 9:00 和 16:00 至 19:00。

了解客户的心理、利用时间定向和季节性周期将极大地提高转化率。此外，还需要考虑电子邮件应该在什么时候发送，是在工作日发，还是在周末发；电子邮件到达时，客户在做什么。互联网流量高峰通常是在周一至周五的 8:00 至 17:00、20:30 至 0:00，以及周六和周日全天。

通常情况下，在 11:00 左右发送电子邮件是较好的时间，那时人们通常结束了会议，也已经把垃圾邮件和其他不需要的邮件全部删除了。从统计学上讲，周二至周四 11:00 至 15:00 是发送电子邮件的最佳时间段。

小资料

如何撰写电子邮件标题

小资料

跨境电商卖家怎么做电子邮件营销

▌ 三、任务实施

按照 5～6 人一组组成跨境电子邮件营销团队，每个团队调研分析通拓的各大主营品类，并完成电子邮件营销过程中相关任务的实施，每个团队为通拓经营的不同品类各制作一份电子邮件推广方案。

步骤一：每个团队根据各自所调研分析的产品类别，进行目标客户细分，编写 5 个夺人眼球的标题，填入表 7-4 中。

表 7-4　标题撰写

产品类别	目标客户细分	标题

步骤二：每个团队根据各自所调研分析的产品类别，进行目标客户细分，撰写 5 个吸引客户的邮件首句，填入表 7-5 中。

表 7-5　首句撰写

产品类别	目标客户细分	首句

步骤三：每个团队根据产品特点、目标市场情况、目标客户特征，确定邮件发送时间和邮件发送日期范围（以 2023 年为例），并填入表 7-6 中。

表 7-6　邮件发送时间和日期范围

产品类别	邮件发送时间	邮件发送日期范围

四、知识拓展

阅读材料：电子邮件营销小技巧

技巧一：根据客户位置建立亲密关系。

为什么许多节假日电子邮件营销效果并不如预期？这是因为没有针对不同地域、不同客户等更细致的因素，发送更个性化的节日邮件。那么该怎么做呢？首先要对邮件标题进行个性化处理，如在客户所处地域温度暴跌之时，发送提示性邮件，让彼此距离更近。

技巧二：以善之名，情感维系。

关爱营销比其他硬性销售更容易获得关注。例如，M&S 首次推出旧衣回收计划，客户在每次捐出衣物后将收到一定价值的现金券，而 M&S 将通过回收旧衣所得到的利润捐给其全球合作伙伴——联合国儿童基金会（UNICEF），为世界各地有需要的儿童提供教育。

技巧三：精妙地转化时机。

以 Papa John's 为例，Papa John's 选择在客户确认订单时询问客户是否需要创建一个账户，如图 7-4 所示。这样做的巧妙之处在于，客户已经有下单行为，使用了该公司的在线服务，如果该公司在这个恰当的时机再对创建账户予以利益，那么客户创建账户就自然而然了，该公司也就自然获得了其电子邮件地址。

图 7-4　Papa John's 订单确认

技巧四：送上贴心的节日祝福。

以保利锦汉公司的圣诞节祝福邮件（见图 7-5）为例，其秉承简洁精致的特点，用雪花光影营造圣诞温馨的氛围，用简单的"Merry Christmas"表达对买家深深的祝福。右下角的二维码结合礼物形象，贴合整封邮件特点进行设计，体现了公司的小巧思。

图 7-5　圣诞节祝福邮件

技巧五：设计吸引人的漫画邮件。

其实，大部分客户都非常不喜欢收到来自陌生公司的电子邮件，但 Dropbox 公司找到一种方法吸引用户。图 7-6 就是 Dropbox 公司为吸引和激活客户创建的漫画邮件。此外，其在电子邮件文案中婉转地表达了其不想干扰客户，而只是想告诉客户，其存在为什么是有益的。在发送这类型的电子邮件时，可以在电子邮件中包含一个激励收件人再度购买产品或重新使用服务的优惠或其他刺激因素。

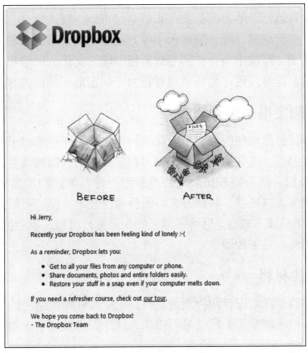

图 7-6　Dropbox 漫画邮件

五、同步拓展

① 如何建立电子邮件列表？

② 如何使电子邮件营销获得更大的投资回报？结合电子邮件营销小技巧，设计一封有创意的电子邮件。

任务三　电子邮件营销的应用

一、任务描述

电子邮件是跨境电商卖家与境外买家进行交流的重要媒介。研究表明，电子邮件的 ROI 为 122%，是社交媒体和付费搜索等其他营销方式的 4 倍多。任务三主要介绍电子邮件营销的应用，包括定义目标人群、选择并确定电子邮件列表、设计宣传材料以及测试电子邮件活动等内容。

█ 二、相关知识

电子邮件营销可用于任何营销组合，跨境电商企业将电子邮件融入自己的营销策略，有利于建立强有力的客户关系。在实施电子邮件营销活动的时候，需要按照以下几个步骤进行。

（一）定义目标人群

在进行电子邮件营销活动的时候，第一步就是尽可能详细地定义目标人群。

由于风俗文化、消费习惯、经济发展水平等方面的不同，不同国家（地区）客户对营销信息的偏好也存在区别。跨境电商企业需要对目标市场的文化、风俗和节日、特殊喜好、消费习性等了解清楚后，再参照用户的历史消费行为，制定电子邮件内容及营销策略。

（二）选择并确定电子邮件列表

在进行电子邮件营销活动的时候，可以有多种方法获得许可的电子邮件列表：①从一些名单供应商那里购买名单，这些供应商会根据对目标人群的人口特征要求编制相应的名单；②从一些与目标市场相关的公司或出版商那里租用一份名单。购买名单的价格通常会比较低，但是名单上的信息，如名字、联系方式等的精确性会比较低。而租用名单的价格会比较高，但是从长期来看更具成本效益。租用名单上的人通常与出租名单者拥有一些直接的关系，因此这种名单上的信息会更加精确。

（三）设计宣传材料

需要为电子邮件营销活动设计两种宣传材料：电子邮件和网站上的引导页面。引导页面可以让客户在点击了电子邮件上的行动号召以后，做他们想做的事（如购买产品、注册参加网络研讨会等）。

可以从一些专业的网站上寻找丰富的材料。eMarketer 与 Marketing Sherpa 就是两个不错的专业网站，可以在上面找到与制作电子邮件、引导页面相关的建议与技术。

当然，也可以雇用专业的创意人员或顾问制作电子邮件与引导页面。在设计电子邮件与引导页面的时候，专业的创意人员或顾问会给出大量的建议，还能提供许多技术支持，有利于从邮件收件人处获得正面积极的回应。

1．制作电子邮件

在制作电子邮件时需要考虑以下几个方面。

① HTML 与文本。

需要制作两个版本的电子邮件：一个是 HTML 版本，另一个是纯文本版本。有些电子邮件阅读者不会回复 HTML 版的电子邮件，却会回复纯文本的电子邮件。这种现象在移动设备上尤其突出，移动设备上的电子邮件程序通常会提供只显示纯文本的选项。

② 标题。

电子邮件标题的撰写技巧参见本项目任务二。

③ 发件人栏。

在电子邮件中表明身份的时候，需要尽可能地坦率、合法，并宣传品牌价值。将公司的名字或者品牌名写入发件人栏内是个不错的选择，也可以同时把产品的名字写入其中。

④ 文本与图像。

要确保电子邮件中有一些文字，但是不要放太多文字，只需要用简单的几句话，把主要信息表达清楚即可，如告诉对方产品或服务的价值、所给予的价格优惠。另外，还需要表明身份，即品牌是一个合法的品牌。同样，客户也不会喜欢那些加载了太多图像的电子邮件。对产品进行说明的时候，常用的比例是70%的文字与30%的图像，如图7-7所示。此外，互联网服务提供商的垃圾邮件过滤器会过滤掉全部是图像的电子邮件，使其无法进入收件人的电子邮箱之中。

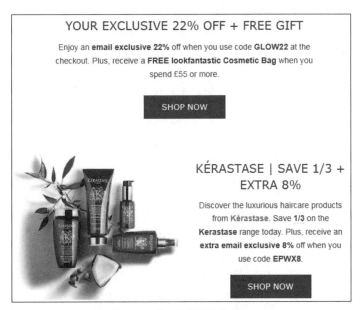

图 7-7　文字与图像的比例

⑤ 品牌。

要保证品牌很好地展示在电子邮件中，要善于使用商标和品牌（见图7-8），这样即使收件人没有通过电子邮件变成客户，也依然能提升一些品牌知名度。

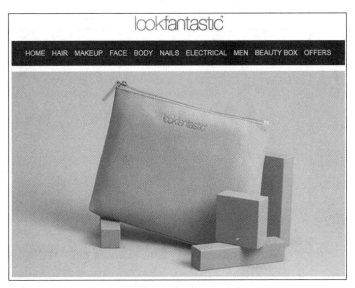

图 7-8　展示品牌

⑥ 行动号召。

电子邮件营销的主要目的是触发收件人的点击动作，而在一封电子邮件中，能促成这一行为的关键元素就是行动号召（Call to Action，CTA）按钮，如图 7-9 所示。公司应明确想让邮件收件人在阅读完邮件后做些什么，是想让他们中转到引导页面，还是想让他们购买产品，或者参与网络调研。电子邮件中应加入明确的行动号召，且行动号召应强有力、以期待的行为反馈为目标。

图 7-9　CTA 按钮

2．制作引导页面

小资料

如何设计 CTA 按钮

引导页面（见图 7-10）是指在网站上设置的某个页面，当潜在客户点击电子邮件上的链接时，就会跳转到这些页面。电子邮件中会包含一些信息与报价，但是这些信息有时并不详细，因此需要引导页面的帮助，以向潜在客户强化这些信息内容。在做潜在客户开发时，具有创意性的宣传材料是联系企业和客户的桥梁，而引导页面则让人们继续采取行动，使其变成潜在客户，甚至购买产品。同时，要确保引导页面内容与宣传材料中的行为号召内容保持一致。

图 7-10　引导页面

3．开展电子邮件营销活动

开展电子邮件营销活动，就是将电子邮件宣传材料发送给潜在客户。如果选择购买一份名单，会从名单供应商处获取目标人群的电子邮件地址，然后再开展实际的电子邮件营销活动。从技术层面来说，公司拥有一份潜在客户的名单，就可以不断地向名单上的人发送多封电子邮件，除非名单上的某些人选择了不订阅或不接受来自该公司的电子邮件。如果选择租用一份名单，那么根据协议，最多只能向名单上的人发送一次电子邮件。在开展电子邮件营销活动时，需要向名单拥有者发送电子邮件宣传材料，然后由他们实施营销活动。

> **小资料**
>
> 电子邮件营销平台和工具

（四）测试电子邮件活动

1．确定测试人群

需要从目标人群中选择一部分人作为测试人群。不管目标人群有什么样的人口特征，建议至少对 25 000 个邮件地址进行测试。测试活动必须要有足够的样本规模才能得出活动是否能成功的结论，少于 25 000 个邮件地址的测试并不足以判断营销活动是否能起作用。电子邮件营销通常在对大规模人群进行营销的时候才能发挥它的效果。目标人群范围越广，获得的回应数量就越多。

2．测试预算

当对一个电子邮件营销活动进行测试的时候，需要准备好足够的预算使整个测试活动有意义地进行。建议对每个独立的测试安排 5 000～25 000 美元的预算。测试预算越高，所产生的结果就越具说服力，与真实的结果也就越相近。

另外，还建议进行多次测试，重复的次数可以在 4～8 次。这可以帮助企业了解宣传材料是否足够好，知道电子邮件营销活动是否足够好。对营销活动进行多次测试，有助于了解许多不同的情况，如可以尝试使用不同的宣传文字，了解不同人口特征人群的回应情况，知道电子邮件在哪些时间会获得数量较多的回应。建议把测试总预算分成若干份数额相等的小额预算，这样就可以进行多次测试。

3．测试电子邮件宣传材料

对邮件标题和邮件内容进行效果测试（见图 7-11），并且为每个元素准备多个版本。每次测试时应控制其他的变量，例如在测试邮件内容的效果时，保持标题、首句、图片、背景颜色不变。

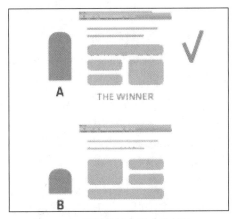

图 7-11　测试电子邮件宣传材料

4．测试发送时间表

发送电子邮件的时间主要取决于目标人群的情况，要了解这些人在什么时候最有可能阅读他们的私人邮件。测试发送时间表的关键在于试验，每次进行电子邮件营销活动的时候，都要思考在什么日期、什么时候发送电子邮件才会获得最好的效果。尝试在不同的日期（如周一、周五、周六）与时间发送邮件，然后通过总结找出最佳的发送时间。

三、任务实施

按照 5～6 人一组组成跨境电子邮件营销团队，每个团队根据通拓的各大主营品类完成电子邮件营销过程中相关任务的实施，并且为通拓经营的不同品类各设计一份电子邮件营销活动的宣传材料。

步骤一：每个团队根据各自所调研分析的产品类别，选择一种或几种产品，制作一份推广电子邮件，将邮件标题、发件人填入表 7-7 中。

表 7-7　填写邮件标题、发件人

产品类别	产品名称	邮件标题	发件人

步骤二：根据产品特点，针对一类细分目标客户，利用绘图软件与 PS 软件设计并制作一份 HTML 版本的电子邮件正文，注意图像与文字的比例，最后将电子邮件正文截图和行动号召按钮截图放入表 7-8 中。

表 7-8　设计电子邮件正文

产品名称	电子邮件正文截图	行动号召按钮截图

四、知识拓展

阅读材料：评估电子邮件营销活动的指标

1．CPA

评估电子邮件营销活动是否成功主要是看活动所取得的 CPA（Cost Per Action，按成果数计费）值。在活动开始之前，需要先确定目标 CPA；当活动结果出来之后，需要将实际 CPA 与目标 CPA 进行对比，看是否达到了目标。通过测试结果的数据，可以计算出获得多少价格的 CPM（Cost Per Mille，按每千次展示次数计费）才能达到目标 CPA。测试活动并不十分成功（如 CPA 过高），并不意味着不适合使用电子邮件营销，此时可以对电子邮件进行改进，如在下一次租用名单的时候，通过谈判获得一个更低的价格。如果一份名单 CPM 非常低，则对这份名单的转化率要求也不用太高。

2．邮件打开率

跨境电商的电子邮件营销活动，电子邮件打开率通常是 2%～10%。例如，向人群发送了 100 万封电子邮件，那么会有 2 万～10 万人打开电子邮件。

3．CTR

跨境 B2C 的电子邮件营销活动，平均 CTR（Click Through Rate，点击率）通常会在 0.5%～2%，即向 100 万人发送电子邮件，其中会有 5 000～20 000 人点击链接（或 CTA 按钮）并到达引导页面。

4．CVR

还有一个需要关注的指标就是 CVR（Click Value Rate，转化率）。该指标以 CTR 为基础，反映那些点击了邮件上的链接（或 CTA 按钮）并进入引导页面的人中，有多少人做出了企业期待他们做出的行为反馈。15% 的转化率是一个不错的结果，意味着每 100 个通过电子邮件到达引导页面的人中，有 15 个人变成了潜在客户或进行了实际购买。如果转化率低于 15%，那么要考虑改变报价，或优化引导页面的文字。

五、同步拓展

① 以班级同学为模拟目标客户，测试不同版本的电子邮件营销方案，计算阅读材料中的指标，找出效果最好的电子邮件。

② 对现有电子邮件进行优化，包括发件人、标题、首句、邮件内容、行动号召、图片等内容。

 任务四 分析电子邮件营销案例

一、任务描述

作为一种数字营销策略，电子邮件营销利用各种形式的沟通开展活动。这些沟通渠道可能涉及再营销广告、PPC（Pay Per Click，点击付费广告）和社交媒体活动，目的是建立消费者忠诚度并产生转化。任务四主要分析目前国内领先的跨境电商平台浙江执御网站和踏浪者网站的电子邮件营销案例。

二、相关知识

（一）浙江执御网站电子邮件营销案例

1．案例背景

浙江执御信息技术有限公司是一家专注于时尚潮品全球销售的跨境电商企业，是中国制造升级、中国设计与中国品牌文化输送全球的践行者，其旗下时尚 B2C 网站浙江执御是时尚、个性、创意，将欧美风格与中国传统元素相结合的典型代表。浙江执御网站一直拥有完善的市场营销策略，早在 2014 年就与境内领先智能化电子邮件营销引领者 Focussend 达成合作，完成了电子邮件营销的基础搭建工作。2015 年，浙江执御网站宣布正式进军波兰市场，因此对电子邮件营销也有了更大的需求。在此背景下，Focussend 助力浙江执御网站成为波兰市场强有力的竞争者，推动波兰电商的发展。

2．现状分析

在前阶段的合作过程中，浙江执御网站已经完成了电子邮件营销的基础搭建工作。浙江执御网站使用 Focussend 平台专用通道发送，经过数据清洗、域名解析、互联网服务提供商公关等确保电子邮件成功送达。随后，浙江执御网站邮件投递实施本地化系统搭建，加强了数据安全性。另外，个性化邮件设计使浙江执御网站的数据活跃度与忠诚度大大提升。从邮件生命周期来看，浙江执御网站邮件依旧存在缺乏系统性和完善性的缺陷，无法完善地提供用户体验价值。

3．解决方案

针对浙江执御网站电子邮件营销现状，Focussend 为浙江执御网站制定了完善的电子邮件营销策略。全面完善智能性邮件系统，用触发形式完善事务类邮件和营销类邮件，通过系统邮件兼带个性化营销内容实现交叉营销和二次营销，实现多渠道联动营销。Focussend 新上线了场景化邮件规划，浙江执御网站了解后，选择了适合跨境 B2C 网站自身发展的"账号管理类""产品营销类""活动营销类""节日营销类""关怀类"这 5 类场景化邮件规划，如图 7-12 所示。

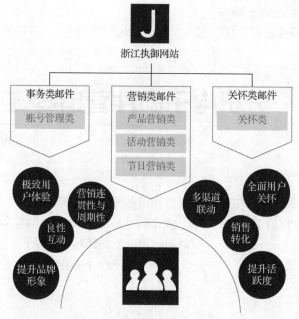

图 7-12　场景化邮件规划

"账号管理类"邮件（见图 7-13）属于网站注册账号的事务类邮件，高效及时的事务类邮件不仅能够使浙江执御网站清晰掌控用户账号状态，还能够给网站用户带来极致体验，维系良好的关系，促成良性互动。"产品营销类""活动营销类""节日营销类"邮件以营销为主，也是浙江执御网站的主体需求。"产品营销类"邮件中的新品推荐和免费体验邮件恰好能够对应浙江执御网站的"新""免费试用"栏目，契合浙江执御网站产品营销规划，能够更加精准地营销。"活动营销类"邮件能够满足 B2C 网站活动营销需求，同时加上多渠道联动，能够全方位帮助浙江执御网站实现活动营销转化。"节日营销类"邮件则针对目前主流营销节日与传统节日做营销活动，能够使浙江执御网站坚持营销的连贯性与持续性。

图 7-13 "账号管理类"邮件

"关怀类"邮件（见图 7-14）则与前述邮件不同，能够带给用户全面的关怀，减少与品牌之间的距离感，让其感受到品牌对其的关注度，从而提升品牌的可信度和品牌形象。

图 7-14 "关怀类"邮件

4．实施效果

在前期电子邮件营销基础上，浙江执御网站体验了 Focussend 邮件场景化营销，其智能化的邮件触发、多渠道化的营销活动、自动化的用户关怀得到了浙江执御网站的高度认可。用户活跃度明显提高，营销活动的互动实现了转化目标。Focussend 的后台报告便是最好的佐证，浙江执御网站打开率远远高于行业标准水平 8%左右，整体转化效果涨了 1.5 倍。可以说，浙江执御网站与 Focussend 的合作是共赢的，这不仅使浙江执御网站达到了营销转化目标，成为波兰市场有力的竞争者，也让 Focussend 有力地证明了邮件场景化的可实行性。

（二）踏浪者网站电子邮件营销案例

1．案例背景

踏浪者集团以北京踏浪者科技有限公司为主体，由境内外多家分公司和子公司组成，在境内 5 个城市以及 5 个国家和地区设有办公与仓储中心。集团主要从事出口跨境 B2C 业务，是境内综合快时尚跨境电商企业，是国家高新技术和中关村高新技术企业。公司同时运营多个面向北美和欧洲市场的自建电商独立网站，拥有多个亚马逊、eBay 等平台店铺以及十几个快时尚品牌，多个品牌进入平台类目排名前十卖家，是美国市场很受欢迎的品牌。其旗下踏浪者网站目前主要销售婚纱、礼服、假发、头纱、配饰、婚鞋、成衣、电子产品、家居用品等 50 类，共计数百万种商品，拥有来自世界各地的注册用户，高达千万余人，累计发货目的地多达 200 个，其用户遍布北美洲、南美洲、亚洲、非洲、西欧等。

2．现状分析

踏浪者网站虽然拥有大量的网站用户及较高的用户活跃度，但从邮件生命周期来看，踏浪者网站邮件同样存在缺乏系统性、完善性不足的缺陷，无法完善地提供用户体验价值。

在电子邮件营销过程中，完善的系统邮件体系是用户生命周期中重要的一环，能有效提高用户点击率及营销效果。

用户生命周期建立在四个维度上：获取潜在用户、维护现有用户、增强用户黏性、确立品牌忠诚度。开展用户生命周期管理有利于对潜在用户的开发获取并增加转化、保持与再激活现有用户、有效增加用户的依赖感与消费期望值以及培养用户的品牌忠诚度。这些都将增加用户对品牌的信任。可见，为树立品牌形象、增加交叉销售的有效渠道，用户生命周期管理在电子邮件营销过程中必不可少。

3．解决方案

事件触发的邮件贯穿用户的整个生命周期，即从用户搜索信息那一刻开始，到用户成为传播者，并向其他人宣传服务或产品。以踏浪者网站婚纱类品牌推广邮件案例为例，即将结婚的 Max，需要为自己挑选一些有纪念意义的单品，如何准备呢？为了让自己的婚礼更完美，Max 开始浏览踏浪者网站，试图搜寻婚礼单品。在浏览过程中，如果 Max 注册邮箱列表（见图 7-15），那么将在第 1 天收到一封欢迎邮件，如图 7-16 所示。

接下来，Max 如果继续单击、收藏商品，则会触发更多邮件。例如，第 3 天，Max 会收到相关品牌宣传、加深用户印象或者近期活动介绍的邮件，如图 7-17 所示。与此同时，踏浪者网站则在对用户喜好度进行调查，丰富用户标签，然后进行高性价比商品推荐。这样，第 7 天，Max 就可能收到热销商品推荐邮件，如图 7-18 所示。

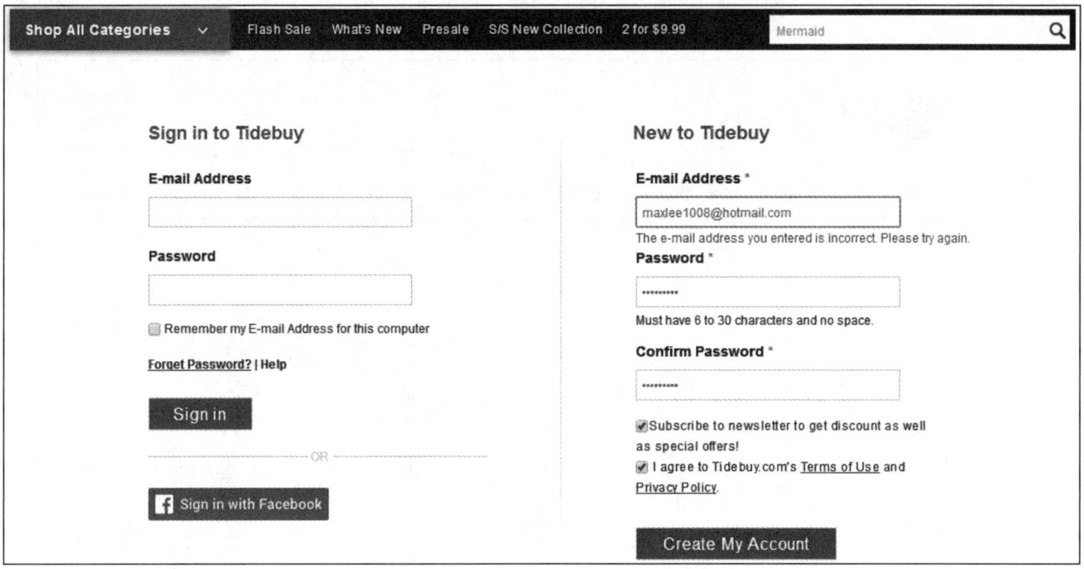

图 7-15 注册邮箱列表

图 7-16 欢迎邮件

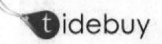

图 7-17　近期活动介绍邮件

图 7-18　热销商品推荐邮件

　　如果 Max 将商品加入购物车，但是并未下单结算，那么在加入购物车后 1 小时左右，将会触发一封折扣邮件，邮件中包含 2 周内有效的折扣代码和添加在购物车中的商品（见图 7-19），这将极大地刺激 Max 的购买欲望，促成订单交易。

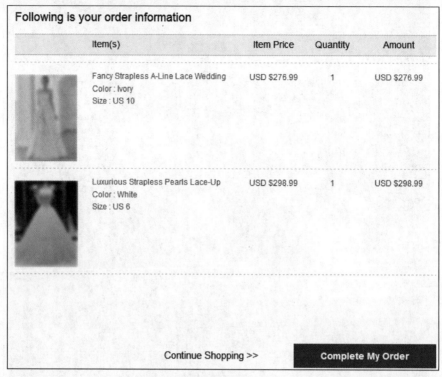

图 7-19　购物车中的商品

4．实施效果

　　这样在邮件的帮助下，Max 很可能会成为踏浪者网站的用户和忠实会员。

　　从上述案例可以看出，用户的单击与浏览行为被收集得越多，邮件产品线越容易生成，邮件投放也就越精准。与此同时，用户生命周期管理也会越完善。

▌三、任务实施

　　5～6 人为一组组成团队，分析电子邮件营销案例。

　　步骤一：对浙江执御网站电子邮件营销方案进行分析，并撰写分析报告。

　　步骤二：对踏浪者网站电子邮件营销方案进行分析，并撰写分析报告。

　　步骤三：通过网络选择一家跨境电商企业，为其策划一份电子邮件营销方案，并设计相关的推广电子邮件，撰写分析报告。

▌四、知识拓展

阅读材料：如何提高电子邮件的打开率和阅读率

　　根据相关学者的分析数据，促使用户打开电子邮件的因素主要有：知道并对邮件发件人信任、邮件主题有吸引力、邮件可以正常打开、曾经打开并且有价值等。通过对表 7-9 列举的因素进行分析，可采取相应措施提高电子邮件的打开率和阅读率。

表 7-9 促使用户打开电子邮件的因素

促使用户打开电子邮件的因素	影响程度
知道并且对邮件发件人信任	59.2%
邮件主题有吸引力	41.1%
邮件可以正常阅读	33.6%
曾经打开并且认为邮件有价值	30.1%
预览窗口的内容有吸引力	19.0%
有折扣信息	17.5%
有免费送货信息	15.1%
该公司没有大量发送邮件	10.9%

1．邮件主题

邮件主题要提供收件人感兴趣的信息，表 7-10 罗列了一些让用户感兴趣的邮件主题。

表 7-10 用户感兴趣的邮件主题

邮件主题	男性用户感兴趣程度	女性用户感兴趣程度
有吸引力的信息/新闻	69%	46%
提供折扣	50%	64%
新产品发布	37%	39%
提供免费送货服务	28%	43%

2．发件人

近 60%的被调查者认为邮件的发件人对是否打开邮件起决定作用。一般来说，发件人栏应该如实显示发件人地址，以给用户提供真实的信息。如实填写发件人栏的好处有：一方面，即使用户不打开邮件，也可以在一定程度上起到宣传的效果；另一方面，用户可以根据发件人是否和自己有关来判断要不要阅读邮件内容。

3．内容预览

邮件预览区中的内容影响用户决定是否打开邮件。对于使用 Outlook Express 之类的邮件程序接收邮件的用户，在程序默认情况下，有一个邮件预览区。虽然这个区域不大，但企业要充分利用这一营销资源，向用户推广企业的信息、品牌、产品和服务。邮件预览区中的内容很重要，这是因为已经决定打开邮件的用户虽然不一定会认真看完邮件的全部内容，尤其是邮件内容比较复杂时，但是他很可能已经从中获得了有价值的信息。

4．收件人

填写的收件人要让用户感觉与自己有关。例如，大量发送的商业邮件要做到每封电子邮件都可以显示出用户的名字，并且与用户资料数据库中的信息和邮件处理技术等因素有关。

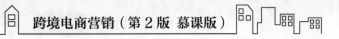

五、同步拓展

① 每个跨境EDM团队根据任务三中设计的通拓的推广电子邮件，设计并制作一份内容预览。

② 团队间交流讨论，试着对推广电子邮件进行优化，提高电子邮件的打开率和阅读率。

📖 项目总结 ●●●●●

本项目主要介绍了电子邮件营销的定义、优势和常用术语，电子邮件营销的应用以及如何分析电子邮件营销案例等内容。电子邮件营销是利用电子邮件与受众进行商业交流的一种直销方式，同时也广泛地应用于跨境网络营销领域。由于电子邮件是点对点的传播，因此它可以实现非常有针对性的、高精准的传播。

跨境电商营销策划

　　近年来，对于越来越多的企业和消费者来说，"跨境电商"这个词变得不再陌生。政府工作报告中连续多年提及"跨境电商"，国家先后分7批设立165个跨境电商综合试验区，跨境电商对行业、企业和消费者的积极意义愈加凸显。海关统计数据显示，2017年到2021年，我国跨境电商出口以约40%的年平均增速高速增长，并在2022年继续保持良好发展势头，展现出十足的韧性和动能。

　　作为潜力大、带动作用强的外贸新业态之一，跨境电商革新了全球贸易的模式，赋予了企业轻量化出境的机会。通过亚马逊全球开店，不管企业设在境内的任何城市，都能开启属于自己的亚马逊全球商店，而世界各地的消费者也只需动动手指，便能购买来自我国境内的好物。更值得一提的是，随着全球消费者对好产品的需求度、对新兴品牌的接受度越来越高，越来越多的企业通过跨境电商实现无差别的全球化布局和品牌打造。

　　多年来，众多境内企业布局跨境电商赛道。无论是背靠供应链优势的制造型企业，还是对境外消费习惯具有深刻洞见的外贸型企业；无论是境内已经家喻户晓的传统品牌，还是近年来强势崛起的新锐品牌；无论成立时间长短、规模大小、产品品类，越来越多的境内企业通过跨境电商实现了腾飞，让世界消费者爱上中国制造，也让"中国品牌"离"国际品牌"更近了一步。

项目任务书 ↓

项目任务书如表8-1所示。

表8-1 项目任务书

任务编号	分项任务	能力目标	知识目标	素质目标
任务一	跨境电商文案策划	能策划跨境电商文案	1. 了解跨境电商文案的含义和作用 2. 熟悉跨境电商文案的类型 3. 掌握跨境电商文案的撰写技巧	1. 增强道路自信、理论自信、制度自信、文化自信，立志肩负起民族复兴的时代重任 2. 深化对跨境电商重要法律法规的认知，提升运用法律思维和方式处理问题的能力
任务二	独立站品牌出境策划	能策划独立站品牌出境方案	1. 了解品牌的定义和DTC独立站 2. 熟悉品牌出境 3. 掌握独立站品牌出境策划的流程	
任务三	跨境电商节日营销策划	能策划跨境电商节日营销方案	1. 了解节日营销 2. 熟悉活动营销 3. 掌握节日营销策划的流程	
任务四	跨境电商网红营销策划	能策划跨境电商网红营销方案	1. 了解网红的定义和网红营销的重要性 2. 熟悉网红经济的运作模式 3. 掌握网红营销方案策划的流程	

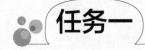

任务一　跨境电商文案策划

▌一、任务描述

跨境电商营销的最终目的就是提高产品销量和品牌知名度，而商品文案会对营销效果产生很大的影响。一个好的商品文案，不仅可以提高转化率、降低消费者咨询的时间成本，还能优化消费者体验、增加品牌美誉度。任务一主要介绍跨境电商文案的含义和作用、跨境电商文案的类型以及跨境电商文案的撰写技巧等内容。

▌二、相关知识

1. 跨境电商文案的含义和作用

文案，最初指用来放书的桌子，后来指在桌子上写字的人。在现代社会，文案指的是企业中从事文字工作的职位。不同于设计师用画面或其他手段表现创意，文案用文字表现企业制定的创意策略。现在所说的文案起源于广告行业，是"广告文案"的简称，由"Copy Writer"翻译而来。文案有广义和狭义之分，广义的文案包括标题、正文、口号的撰写和对广告形象的选择搭配；狭义的文案包括标题、正文、口号的撰写。由此可见，文案是为了宣传商品、企业、主张或想法，在报纸、杂志、海报等平面媒体或电子媒体展示的图像广告、视频广告、电视广告、网页横幅等中使用的文稿或以此为业的人。

文案通过描述产品的卖点，把控消费者心理，激发消费者的购买欲望，达成销售目标，因此也常被称为"纸上销售术"。

在跨境电商业务中，消费者无法亲眼看到或摸到商品，只能通过产品描述和产品图片决定是否要购买该产品。因此，文案在消费者的购买决策过程中起到了极其关键的作用。跨境电商文案写作的好坏，直接关系到跨境消费者的购买意向。除此之外，优秀的跨境电商文案还能提升消费者对品牌的认知，塑造良好的品牌形象，从而提升消费者的品牌忠诚度。

和传统文案不同，跨境电商文案基于网络平台，消费者只要具备上网的条件就能看见。跨境电商卖家通过网站、论坛、搜索引擎、电子邮件、社交媒体等进行文案的宣传与推广，可以有效整合多平台资源，最大限度地扩大文案的作用范围。

由于跨境电商文案特殊的性质，跨境电商卖家能够及时获得消费者的意见和回复，增加彼此之间的互动，并形成讨论与话题。此外，跨境电商卖家还可以在跨境电商文案中添加外部链接，以此为跨境电商网站或店铺带来更多的外部流量并提升网站或店铺的排名。

2．跨境电商文案的类型

跨境电商文案按照内容可以分为四种类型：展示类、品牌类、推广类和软文类。

① 展示类跨境电商文案。

展示类跨境电商文案是指介绍产品信息、特点、属性、使用方法等的文字和图片内容，如各大电商平台的产品详情页面。在进行展示类跨境电商文案写作的时候，要注意主题明确、内容翔实，但应充分考虑消费者的注意力，内容不宜过长。同时，文案文字部分应该尽量简洁，做到图文配合。图 8-1 是 Tentsile 的展示类文案。

图 8-1 Tentsile 的展示类文案

② 品牌类跨境电商文案。

现在越来越多的商家开始注重讲故事，并将故事融入文案中，希望通过品牌背后的故事打动消费者，让消费者产生共鸣，以此形成的文案就是品牌类跨境电商文案。在叙述品牌背后的故事时，跨境电商卖家应注意故事传达的理念要与精神和品牌形象相契合。图 8-2 是 Nike 的品牌类文案。

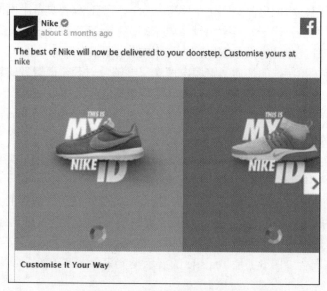

图 8-2　Nike 的品牌类文案

③ 推广类跨境电商文案。

推广类跨境电商文案旨在促进某款产品的销售，或宣传推广品牌的某次营销活动。目前，常见的推广类跨境电商文案包括在社交媒体平台发布的推广信息、品牌与粉丝的互动文案等。图 8-3 是 A&E 的推广类文案。

图 8-3　A&E 的推广类文案

④ 软文类跨境电商文案。

软文是指企业通过策划在报纸杂志或网络等宣传载体上的可以提升企业品牌形象和知名度，或促进企业销售的一些宣传性、阐释性文章，包括特定的新闻报道、深度文章、付费短文广告、案例分析等。不同于硬性广告，软文的精妙之处就在于"软"字。消费者发现所看的文章是一篇软文的时候，往往已经对所推销的品牌形成了印象。

3. 跨境电商文案的撰写技巧

① 专注于理想的消费者。

如果跨境电商卖家是站在普通大众的角度思考，那么产品描述会变得无法解决消费者的问题。最好的产品说明，应该专注于理解理想消费者的需求，可以提出问题并回答，就好像与他们进行对话一样，可以多使用"你"字。以下是电商品牌 Think Geek 关于 LED 手电筒的文案描述："你知道比常规手电筒更有趣的玩法吗？在篝火周围讲述恐怖故事的同时，使用多色 LED 手电筒在脸上投射出绿色的光芒。没有篝火？用橙色光做一个！"。

② 写好产品的功能。

当跨境电商卖家销售自己的产品时，容易对功能和规格比较敏感，但是潜在消费者对普通的功能和规格不感兴趣，他们想知道产品还有什么其他用处。这就是为什么写文案的时候需要强调最佳功能。图 8-4 是 method home 描述其销售的一款洗手液的广告方案。

图 8-4　method home 广告文案

"有时候我们需要季节性洗手液的气味来唤醒假日情感。我们的天然衍生凝胶洗手液有各种节日香氛可供选择，让您的双手柔软、干净。"method home 的文案主要说明其洗手液不仅能让手变得柔软干净，还能唤醒用户的假日情感，使假期更具节日的氛围，让用户更愉快。

③ 避免使用空泛的夸赞文案。

当不知道还能写什么时，有些卖家经常添加一些空泛的文案，如高质量。一旦潜在消费者看到这样的句子，就会想：每个卖家都是这么说的。因此，在表明产品的优点时，不能使用空泛的夸赞语句，可以简单用序号排列描述每个优势，注意要简洁明了。

④ 激发读者的想象力

有一种文案技巧可以增加潜在消费者的购买欲望，即让消费者想象拥有产品会是什么样子。以下案例是 Think Geek 通过描述其多功能烧烤工具来激发消费者的想象力。"我们总是抬头仰望正在做烧烤的父母，期待着我们也可以负责烧肉类或新鲜菠萝片的那一天。

现在终于轮到长大的我们做烧烤了，多功能烧烤工具会给我们一个注定要留下深刻印象的聚会。"

要练习使用这种文案技巧，让消费者想象使用场景，并通过描绘买家在拥有和使用产品时的感受来完成文案。

⑤ 巧妙运用品牌故事引发消费者共鸣

在产品描述中，采用讲故事的手法，可以增加消费者的好感。在讲述品牌故事时，应该考虑以下两个问题：谁在制作产品，是什么激发了产品的创造灵感。

⑥ 擅用感官性词语。

感官性词语可以调动人的本能欲望，从而间接地增加销售额。图 8-5 是巧克力制造商 Green & Black's 的广告文案。

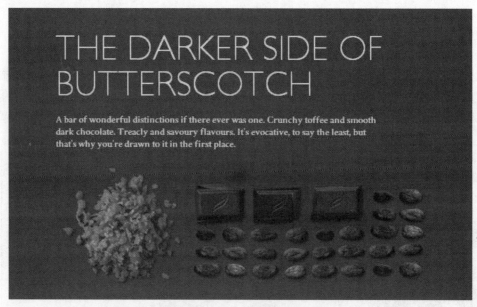

图 8-5　巧克力制造商 Green & Black's 的广告文案

"松脆的太妃糖搭配丝滑的黑巧克力，甜蜜可口，令人回味，一眼看到，就会爱上。"有效使用感官性词语可以丰富并加深消费者对产品的品牌记忆。

小资料

跨境电商文案案例
——对称式表达

▍三、任务实施

按照 5～6 人一组组成跨境电商文案策划团队，每个团队根据所选公司主营产品，完成跨境电商文案策划过程中相关任务的实施。

步骤一：策划店铺或品牌定位，明确店铺或品牌定位之后，再围绕该定位制定具体的文案策划内容。

步骤二：分析消费者需求，尽可能多地挖掘消费者更高层次的需求，并提出相应的满足方案。

步骤三：分析产品和竞品，熟悉产品的基本属性、功能、使用方法等，充分挖掘产品的卖点，以及产品如何解决消费者的痛点，由此设计文案框架。

步骤四：讲好品牌故事，并完成表 8-2。

表 8-2 跨境电商文案策划

店铺或品牌定位	
消费者需求	
分析产品	
分析竞品	
品牌名称	
品牌 Logo	
品牌口号	
品牌故事	

四、知识拓展

阅读材料：广告语生成器

使用广告语生成器，一般只需输入销售产品的关键词。例如，如果销售抹茶粉，就可以输入"抹茶粉"，即可得到很多吸引人的广告语。不清楚选择什么关键词，就可以使用 Google Analytics 进行关键词调研。广告语生成器随机生成广告语，其使用方式是根据关键词生成多个不同的选项，结合这些不同选项确定最终广告语。卖家还可以根据生成的广告语获取灵感，尽可能多地生成几条，总结出会引起共鸣的关键语和词组，得出最佳广告语。下面介绍 6 款高效的广告语生成器。

1. Oberlo

Oberlo（见图 8-6）是一款免费的广告语生成器，可以生成朗朗上口的广告语，为业务和活动增添活力。一个好的广告语可以为品牌创造知名度，引起受众对新的项目或业务的兴趣。只要在搜索框中输入与业务相关的关键词，例如，如果卖家销售的是童装，只需要在搜索框中输入"童装"，即可获得对应的广告语，然后就可以挑选自己喜欢的。

图 8-6 Oberlo 首页

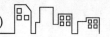
2．shopify

shopify（见图 8-7）可以根据卖家输入的关键词免费生成 1 000 多条不同的具有创意的、吸引人的广告语。无论商家是想要用标语为 Logo 增添活力还是准备发起一项营销活动，都可以使用它生成广告语。

图 8-7　shopify 首页

3．Getsocio

Getsocio（见图 8-8）是一个售卖折扣商品的电商平台，它也推出了一款出色的广告语生成器，其广告语生成方式与 shopify 类似。Getsocio 有一套随机的模板，卖家输入关键词，它就会自动生成巧妙的广告语。Getsocio 一次只能生成一个广告语，但是卖家可以随时单击"生成"按钮，直到得到满意的结果。

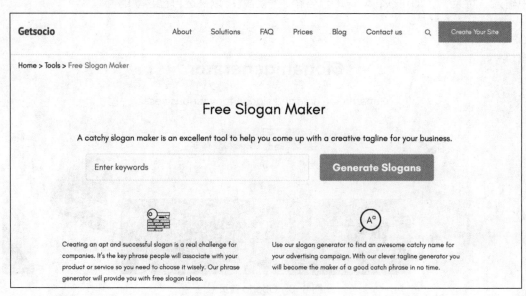

图 8-8　Getsocio 首页

4．Slogan Generator

Slogan Generator（见图 8-9）提供一款独特的多功能广告语生成器，可以解决大多数业务和广告需求。这些广告语对品牌很有用，也适合作为思考产品描述时的头脑风暴工具。更重要的是，该网站通过提供大量关于公司和产品广告语的示例及资源，提供有效的广告语制作方式。这些可以作为评估现有广告语和制作新广告语的参考。

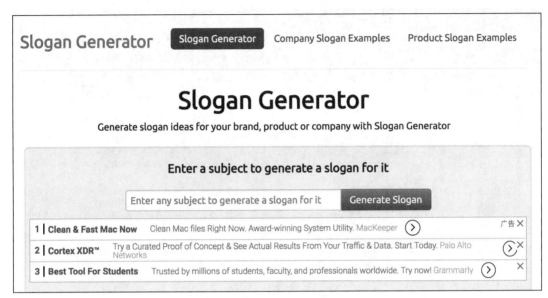

图 8-9　Slogan Generator 首页

5．Slogan Generator.co

Slogan Generator.co（见图 8-10）的操作方式与上述广告语生成器类似，只要输入相应的关键词，系统就会根据模板自动生成一系列广告语。如果有喜欢的广告语，卖家就可以单击"制作广告语"按钮，得到相应的广告语。这个免费的广告语生成器的开发商还会根据时代的变化、新事物的出现以及卖家的建议推出新模板。

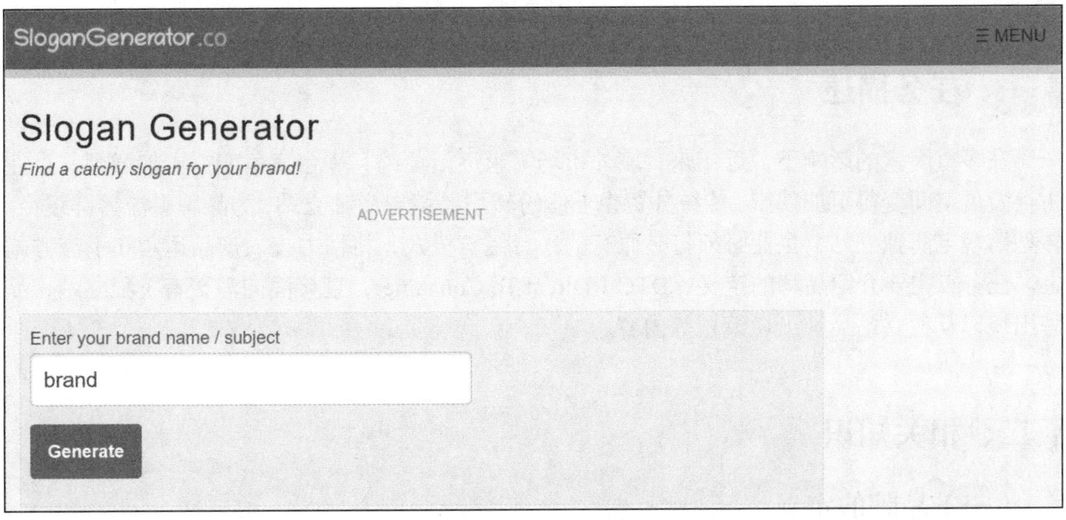

图 8-10　Slogan Gernerator.co 首页

6. Procato Sloganizer

Procato Sloganizer（见图 8-11）收集了很多流行广告语，它直接从这些广告语中选取相关关键词，再插入卖家输入的关键词，并最终形成卖家的广告语。这样，卖家得到的广告语不仅经受了市场的检验，而且具有原创性，适用于卖家自己的品牌。除了广告语，这个网站还提供各种不同的内容、网页设计和 SEO 信息。

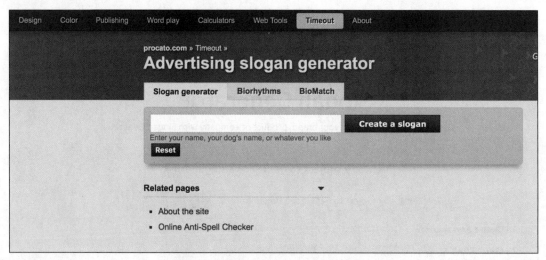

图 8-11　Procato Sloganizer 首页

五、同步拓展

① 做跨境电商文案策划的步骤是什么？
② 利用广告语生成器为公司设计一个有吸引力的宣传语。

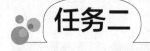

任务二　独立站品牌出境策划

一、任务描述

在多重因素的影响下，近年来，境外市场需求逐渐萎缩，平台竞争变得更加激烈，企业生存发展空间变得更加狭窄，传统外贸企业纷纷转型跨境电商独立站，为品牌引流另辟蹊径。转型跨境电商独立站，企业必须打破原有的平台经营模式，将精力投入产品运营和引流方式上。任务二主要介绍品牌的定义、DTC（Direct To Consumer，直接面向消费者）独立站、品牌出境以及独立站品牌出境策划等内容。

二、相关知识

（一）品牌的定义

品牌，顾名思义就是品质的牌照，品质不仅指产品的质量，还包括服务的质量等，我们平常说的品牌，简单来讲是指消费者对产品及产品系列的认知程度。也有人认为：品牌是人们对一个企业及其产品、售后服务、文化价值的一种评价和认知，是一种信任。

品牌已成为一种产品综合品质的体现和代表，当人们想到某一品牌的同时总会将其和时尚、文化、价值联想到一起，企业在建立品牌时会不断地创造时尚、培育文化。随着企业做强做大，品牌不断从低附加值向高附加值升级，向产品开发优势、产品质量优势、文化创新优势的高层次转变。

当品牌文化被市场认可并接受后，品牌产生市场价值，从而体现出其强大的附加价值，"现代营销学之父"菲利普·科特勒在《市场营销学》中将品牌定义为：品牌是销售者向购买者长期提供的一组特定的特点、利益和服务。

（二）DTC 独立站

境内最早的独立站出现在 2004 年，起初是借助 Google 搜索引擎优化的流量红利，在线销售游戏金币，再逐渐拓展到其他品类，慢慢形成了一些固定的运营模式。典型的独立站模式有 B2B 模式、铺货 B2C 模式、垂直精品 B2C 模式以及移动电商平台等。近几年，以 Warby Parker、Casper、ANKER 等为代表的一批优秀 DTC 品牌强势崛起，受到消费者、市场和资本的认可，DTC 独立站模式风靡境外市场，同时也被更多的境内卖家所熟知。

DTC 通常被定义为通过自己的网站直接与消费者互动，在线销售自有产品的商业模式。其不依赖于任何第三方平台或分销渠道，减少了商品的经销环节，大大降低了商业成本，以比传统消费品牌更低的成本销售产品。DTC 独立站模式在为消费者提供独特的购物体验的同时，掌控了消费者从浏览到售后的全程数据，并且根据这些数据优化自己的产品、营销策略和供应链体系等，培育属于自己的私域流量。

（三）品牌出境

品牌出境是指把企业的产品特定形象通过某种手段深刻地给消费者留下印象。跨境电商品牌出境是指跨境电商企业通过利用消费者对产品的需求，宣传产品的质量、文化以及独特性，以创造消费者对品牌的价值认可，最终形成品牌效益的营销策略和过程。

小资料

跨境电商独立站必备重点功能

（四）独立站品牌出境策划

品牌出境策划是现代商业活动的一种，将策划科学应用在品牌营销活动当中，就是品牌出境策划。策划在现代商业活动中的运用相当普及，各种商业策划的开展，为商业活动的进行带来了效率的革命。品牌出境策划的目的是为企业的品牌营销活动提供一个科学的指导方案，使品牌营销活动更具有效率，以便成功塑造和传播品牌的形象，最终产生品牌价值。跨境电商企业独立站品牌出境则是基于独立站，选择品牌化营销策略，创造出产品的品牌价值，从而达到推广品牌的目的。

独立站品牌出境策划的第一个步骤就是收集与企业的品牌营销策划有关的各种信息资料，这些信息资料将成为进行系统分析与设计的重要依据，它们包括宏观经济形势、政策与法律环境、目标市场特性、消费者需求特点、市场需求走向、市场竞争状况和企业自身的特点等。综合来看，可以从以下几个方面入手。

1. 市场分析

选准市场定位，是在市场细分的基础上对这些细分市场进行评估，以便确定品牌的目标市场。细分市场的潜在需求规模由潜在消费者的数量、支付能力、价格弹性等因素决定。为确定细分市场的潜在需求规模，需要对这些因素做定量定性趋势分析。决定细分市场实际容量的因素是细分市场的潜在竞争者，主要包括同行业竞争品牌、替代品牌、潜在新品牌等。潜在竞争者越多，细分市场的规模就越小，进入成本就越高。因此，在评估细分市场时，企业应当充分估计这些决定细分市场实际容量的因素。产品是否根据市场细分加以科学规划，是否根据目标市场的区域文化、消费人群的消费水平和习惯以及当地经销商的经营理念进行生产，这些是一个品牌能否成功的关键因素。

在现代科学技术和社会化生产条件下，以及消费品越来越趋于同质化的情况下，开发的同质化商品要体现出异质性。企业要通过市场调查，根据消费者需求，开发出一两个异质性品牌，跟着市场走，正确的方法是：突出主导品牌，同时又不放弃一些重要消费者、重点市场，走品牌战略之路。

2．竞争分析

在进行详细的市场分析之后，了解目前市场同类产品及目前已有品牌的状况，从而进行竞争分析。跨境电商企业可以从竞争对手、价格优势、竞争策略等方面运用 SWOT 分析模型进行分析，如图 8-12 所示。

图 8-12　SWOT 分析模型

3．品牌塑造

对于跨境电商品牌塑造，可以从以下几个方面入手。

① 个性化定制有针对性的内容。

个性化定制和销售本身的关系正在变得越来越紧密，人们想要以一种友好和亲近的方式销售，因此卖家需要更多地了解消费者的购物习惯并获得其电商购物数据，以便提供更有针对性和个性化的服务。

② 抓住消费者在移动设备上购物的关键决策点。

专注于消费者的关键决策点是改善消费者在移动设备和其他设备上的体验的绝佳方式。思考消费者的关键决策点，就是要关注消费者的购物过程，不要忘记那些容易被忽略的消费者关键决策时刻。

Google 提供的数据展示了一些关键决策点的行为数据：82%的智能手机消费者在逛实体店时会在手机上对比查询商品信息，这影响了他们的购物决定；62%的智能手机消费者在遇到意想不到的问题或新的任务时更有可能立即采取行动解决这些问题或完成任务；90%的智能手机消费者在外出时会通过手机实现一个长期目标或完成多步骤任务；91%的智能手机消费者在做某项任务时会通过手机寻找想法。

③ 注重视频和视觉内容。

使用个性化的高品质产品图片，并确保在网页中包含一些视频内容。视频非常适合作为产品教程，也可以作为替代产品的用户指南。保持网站上的商务视觉元素，确保社交媒体上也充满引人注目的视觉内容。尝试让视觉信息与品牌相符，多用新奇的视觉内容代替一般的内容，并鼓励消费者与视频和视觉内容产生互动。

④ 更加关注消费者体验。

卖家需要确保自己的独立站符合所有电商平台的基础设计。不要只关注如何开一间网店，还要意识到好内容和更广泛的电商体验的重要性，要在改善消费者体验方面下功夫。

4．营销工具选择

这是品牌营销的一个关键，卖家应基于本书前几个项目的内容，进行合理的营销工具选择，在这里不做过多阐述。

平台转型独立站案例

真丝品牌 LILYSILK 品牌出境案例

三、任务实施

按照 5～6 人一组组成独立站品牌出境策划团队，每个团队根据所选公司主营产品，按照独立站品牌出境策划的步骤，制定公司独立站品牌出境方案，要求如下。

（1）步骤详尽，策划一个完整的方案。

（2）准确地进行目标市场分析及竞争者分析。

（3）对公司及产品进行品牌塑造。

（4）策划传播的渠道及方式。

（5）策划后，从品牌前景、预测的销售利润等方面对方案进行评价。

四、知识拓展

阅读材料：成功的跨境电商独立站品牌出境案例

借由亚马逊、eBay 等大型平台进军跨境市场方兴未艾，通过跨境电商独立站，完善多渠道战略，并获取更多品牌自主权与更高利润率已是大势所趋。

1．ANKER

ANKER 是境内亿级跨境电商企业之一。ANKER 是安客创新科技股份有限公司旗下一家在境外市场知名的中国智能充电品牌。此外，ANKER 还打造了 Roav（汽车记录仪等）、Nebula（智能投影仪）、Eufy（吸尘器）等自有品牌，且在智能充电、智能家居、智能语音等领域均有出色表现。ANKER 已经在全球 100 多个国家和地区拥有超过 3 000 万个用户。

2．SHEIN

SHEIN 公司创建于 2009 年，全面打造其专属网站；品牌涉足多个国际主流电子商务平台，如亚马逊、全球速卖通。2020 年 8 月，SHEIN 完成 E 轮上亿美元融资，市值已经超过 150 亿美元。SHEIN 在 Facebook 上有 2 000 余万个关注者，在 Instagram 上也有 1 700 余万个粉丝。

3．AUKEY

AUKEY 于 2005 年创立，是以外贸 B2C 运营为核心业务的跨境电子商务公司，主要从事具有创新用户体验的智能、数码消费和家居产品的自主研发、设计与销售。经过十余年的实践及运作，AUKEY 从传统外贸转型到外贸电子商务，再到布局自有 B2C 平台，目前已成长为在跨境电子商务领域领跑的企业之一。AUKEY 在 Facebook 上有近 10 万个关注者。

4．ZAFUL

ZAFUL 成立于 2014 年，是一个全球性快时尚电子商务品牌，为 18～25 岁的用户提供实惠的时尚产品。作为快时尚跨境电子商务，ZAFUL 迎合时尚潮流年轻人的着装喜好，在架款式多达 1.5 万种，在追求性价比和产品品质的同时坚持品牌化运营。ZAFUL 采用"设计师+买手"制模式，为用户提供优质服饰类产品，在境外消费市场拥有较高口碑和品牌知名度。ZAFUL 在 Facebook 上有 900 余万个关注者，在 Instagram 上有 580 余万个粉丝。

5．Gearbest

Gearbest 是深圳市环球易购电子商务有限公司旗下的一个外贸电商网站，主要经营休闲服装、电子产品、婚纱礼服、手表、玩具等品类。Gearbest 与 5 000 多家中国知名品牌和顶级供应商密切合作，其中包括小米、联想、华为等 1 000 多个顶级品牌，在美国、欧洲等地均设有仓库。GearBest 在 Facebook 上有近 500 万个关注者。

▎五、同步拓展

① 查找跨境电商领域几大知名品牌，了解这些品牌的营销策略。
② 你认为一个品牌最核心的内容是什么？

任务三　跨境电商节日营销策划

▎一、任务描述

对于跨境电商卖家来说，假日购物季至关重要，尤其是第四季度节假日。任务三主要介绍跨境电商节日营销策划的相关内容，包括节日营销、活动营销以及节日营销策划等内容。

二、相关知识

（一）节日营销

节日营销是非常时期的营销活动，是有别于常规性营销的特殊活动，它具有集中性、突发性、反常性和规模性的特点。每年的节日都是零售商重要的销售时机，部分卖家在此，期间的销量甚至能占到全年销量的 20%。鉴于节日是卖家提高销量及获取新的长期客户的有利时机，跨境电商卖家有必要提前做好节日营销策划。一个好的节日营销策划是营销成功的基础，节日营销通常贯穿节前、节中、节后。

（二）活动营销

活动营销是指企业通过介入重大的社会活动或整合有效的资源策划大型活动而迅速提高企业及其品牌知名度、美誉度和影响力，促进产品销售的一种营销方式。简单来说，活动营销是围绕活动而展开的营销，以活动为载体，使企业获得品牌知名度的提升或产品销量的增长。目前比较常见的活动营销包括："双十一"以及客户分享体验形式的网络活动；选秀大赛类的网络活动；论坛盖楼与分享类的网络活动；博客抢沙发或征文类的网络活动；视频征集与大赛网络活动；微博上的有奖转发、大转盘、献祝福、晒照片等活动。

（三）节日营销策划

小资料

跨境电商卖家如何利用节日进行营销

1．活动时间选择

了解境外重要的节日，在一些主要节日里进行品牌推广。同时，还需要把一些已经变得十分流行的购物节也考虑进去，包括"黑色星期五""小型企业星期六""网络星期一"等节日。

2．提供与节日主题相关的商品和内容

为了宣传促销信息，需要为消费者提供围绕节日营销主题的产品。在某些情况下，这可能包括为消费者提供折扣；另外，还可能包括为节日营销创造内容，如下载电子贺卡模板进行季节性营销。有许多营销工具可供选择，如广告语、横幅、网页、照片、社交媒体上的图片等，这些都将有助于营销推广活动。

3．规划社交媒体营销策略

节假日的时候，社交媒体上的受众互动率下降了许多，因为很多人可能在度假。然而，这并不意味着企业就没事做了，应想办法在节假日的时候与社交媒体受众互动。企业需要提前规划好营销日程，这有助于在节假日期间写出所有需要的内容。

4．进行网站防护

节日营销的得失和商家网站的稳定性有很大的关联。网站的稳定性一方面体现在网速，另一方面体现在当点击量猛增时网站是否会崩溃。随着跨境电商移动端的发展，越来越多的消费者会直接在移动端进行消费。研究表明，手机消费者是没有耐心的，相比于网站崩溃，他们认为网速慢是在线购物不能忍受的部分。同时，由于促销活动，网站的客流量非常大，短短几分钟甚至几秒的网站崩溃时间，就可能给商家造成很大的损失。商家可以做好备用方案，也可以借助一些网站监测软件对网站状况进行实时监测。

5．保持消费者黏性

尽管许多消费者会在促销期间购物，但并不是每个人都会在节日当天购买产品。有针对

性地实施一些再营销的策略，企业就可以追踪那些还未结账的消费者。总体来说，消费者放弃交易主要有三大原因：要支付运费、找到了更划算的购物组合、缺货。商家要通过向这部分消费者发送特定电子邮件来促成交易，这类邮件的发送要及时，最好在消费者放弃购买的半个小时内发送，且邮件中应该带有产品图片和节日特别优惠内容，如免费送货、礼品包装和其他优惠形式等。这类邮件要以消费者服务为中心，表示遗憾并询问其放弃购买的原因，同时要确保消费者可以在移动设备上打开邮件。另外，商家可以借助网上工具，如常见的Google 广告、Facebook 广告，追踪消费者在其他平台（如 Google 或者 Facebook 等）的访问记录，向他们再次展示产品广告。

还有部分消费者在节日期间购买了产品，那么商家需要做的就是维持与这些消费者的关系，如在消费者下单之后发送感谢邮件，或适当地在邮件中放入优惠券供其下次购物使用等，但需要注意的是，这些优惠券要有一定的时限。此外，在下一次促销活动前，商家可以调出曾经在网站购物的消费者的邮件地址，并向他们发送促销邮件。

▌三、任务实施

按照 5～6 人一组组成跨境电商节日营销策划团队，为所选公司选择一个节日，制定公司在这一节日的具体营销方案，撰写一份跨境电商节日营销方案，要求如下。

（1）选择合适的节日，并说明原因和活动特点。

（2）选择一个跨境电商平台进行活动策划和宣传。

（3）选择与节日营销相关的商品和内容。

（4）采用合适的跨境电商营销工具进行节日营销活动策划。

▌四、知识拓展

阅读材料：跨境电商母亲节节日营销

近年来，感恩经济不断升温，无论是线上还是线下，在母亲节送礼物表达爱和感激越来越普遍。纵观全球，世界上有 50 多个国家和地区在庆祝母亲节。作为跨境电商卖家，抓住母亲节进行营销，有利于增加销量。

1．选品攻略

母亲节热门品类：珠宝、电子产品、礼品卡、服装配饰、鲜花、家居、书籍视频等。从年龄上看，25～34 岁的消费者增加，倾向于购买珠宝或电子产品等高价商品。

2．站内营销

装修店铺。在店铺主页上添加母亲节相关材料，视频、图片等形式是很好的表达形式，通过这些形式创造一种温暖的节日氛围，推动消费者产生购买行为。

发送问候邮件。提供折扣和免费礼品是引导消费者实现购买行为的基本、有效的手段。节前发送节日问候邮件，附上折扣、礼品购买清单、指南、免费礼品等信息，不仅能赢得消费者青睐，还能有效提高其购买需求。请注意，标题是吸引收件人打开邮件的关键。请仔细写标题，创建有吸引力的内容，以达到最佳邮件效果。同时，还应做到以下几点：注意节日期间开始站内实时聊天，避免跳单；订单中注明退货、保修等相关售后信息及最终付款金额，为消费者创造良好的购物体验；稳定优化网站的速度，节日前测试网站的容量和功能。

3．站外营销

在社交媒体上分享与母亲节有关的故事和片段；创建标签，邀请关注用户加入和使用主题标签，使用户树立品牌意识，为母亲节营销造势。尽量选择视频推广产品，以使用教程、拆箱评估为主。视频的视觉冲击可以刺激情绪，引导用户购买。

一些研究表明，UGC（用户生成内容）推荐能够影响用户的购买决策。利用用户制作营销宣传内容，能够大幅度提升受众覆盖面和产品认同度；而且，UGC 营销是由用户产生的，成本几乎为零。鼓励用户以挑战的形式拍摄产品视频，带动用户自发创建拍摄内容，达到接触用户的目的。

五、同步拓展

① 了解 2022 年母亲节期间，跨境电商的成交量和成交额。
② 查找我国几大跨境电商企业的相关资料，了解这些企业在节日的营销手段有哪些。

任务四　跨境电商网红营销策划

一、任务描述

网红营销已成为品牌出境的一种重要方式。在互联网红人的影响下，越来越多的跨境电商卖家将商品销售量提高了几倍。任务四主要介绍网红的定义、网红营销的重要性、网红经济的运作模式以及策划网红营销方案等内容。

二、相关知识

（一）网红的定义

网红，即网络红人，是指在现实或者网络生活中因为某个事件或者某个行为而被网民关注从而走红的人，或长期持续输出专业知识而走红的人。他们的走红是因为其某种特质在网络作用下被放大，与网民的审美、娱乐、刺激、臆想、品味以及看客心理等相契合。因此，网红的产生不是自发的，而是在网络媒介环境下，网络推手、传统媒体以及受众心理需求等利益共同体综合作用的结果。

网红是某个细分领域的"精神领袖"，他们通过价值输出形成鲜明的人格特质，并获得粉丝的追随。他们活跃于各个社交网站，通过直播、录播（短视频）、弹幕等形式和粉丝进行频繁且热烈的互动。在粉丝积累到一定规模时，网红就能开启网红经济通道，开网红店、接广告、网红 IP 化、做个人品牌，实现网红商业变现。

小资料

网红的种类

（二）网红营销的重要性

网红营销（Influencer Marketing），主要依靠有影响力的网红传递产品和品牌信息来吸引潜在受众并获得转化。

为什么网红营销在跨境电商营销中起到越来越大的作用？主要有以下几个原因。一是网红营销能够让消费者对品牌建立信任感。越来越多的选择让消费者无从下手，他们对品牌及其营销策略也越来越怀疑，所以建立信任感至关重要。而网红会将品牌分享给已经和其建立信任关系的人群，有利于打消这类人群对品牌的怀疑态度。二是营销成果快速可见。追根究底，营销活动的最终目的是获得高投资回报率，而网红营销正是一种见效非常快的营销手段，可以帮助企业在短期内提高产品的销量。三是增强品牌意识。提高品牌知名度是营销活动的重要目标之一，网红营销在增强品牌意识方面卓有成效，有效的网红营销活动会使品牌看起来更加真实和更受欢迎。四是能够创造新的内容。目前大多数营销策划都是围绕内容展开的，网红营销弥补了内容营销的一个短板，即从消费者的角度证明产品的效果，因此网红营销也成为内容营销的重要组成部分。

（三）网红经济的运作模式

网红一词看似简单，但其背后拥有大量的社群以及粉丝，其共同目标是建立群体认同感。想要成功打造一个网红，需要经历四个阶段，分别是：划分相似性群体、制造不合理、寻找敌人、领袖召唤。总而言之，公众在表面上似乎没有太大差别，但要在其中建立认同，必须找出相互之间的某个相似点，通过群体定位组建一个社群，最后选择内部方式，在群体之中获取自豪感、认同感。

移动互联网时代最大的特点：信息量、信息传播速度、带宽等技术水准都出现几何级数的增长，每个人与信息相连，同时也是信息的一部分。这种特征让人类社会的各种关系和结构发生了深刻改变。过去的商业时代，人和信息是二元化的，渠道是信息的载体，经商者讲究渠道为王，掌控信息传播渠道是关键。如今的渠道呈现出碎片化、内容化态势，越来越难以掌控。现今，粉丝不仅是用户，还是渠道，会潜移默化地影响其他人。网红吸引的是那些与自己志趣相投的人，粉丝一旦认可了网红本人所代表的某种生活方式或价值观，那么作为这种价值观载体的商品就会被粉丝高度认可，他们自发地和朋友分享、传播，进而产生购买行为，这就是网红经济产生并且迅速发展的根本原因。网红经济的规则：引起注意—激发兴趣—进行搜索—购买行动—过程分享五个步骤，如图 8-13 所示。

图 8-13　网红经济的规则

（四）策划网红营销方案

1．找到能影响潜在客户的网红

社交平台是一个很大的活动平台，这意味着平台上的网红的数量非常多，但网红的质量参差不齐。跨境电商卖家寻找境外的网红更是有一定的难度，那么，应如何系统性地寻找合适的网红呢？有以下几种方式。

小资料

全球速卖通里的网红模式

① 通过 Google

可以说，Google 工具贯穿跨境电商营销的全流程。在寻找网红方面，通过 Google 搜索可以很容易找到想要的网红类型，如美妆博主、运动博主等。

② 通过社交媒体。

为产品或者品牌找到合适的网红的简单方法就是找到正在社交媒体上谈论类似产品的人。一般而言，跨境电商卖家通过社交媒体自带的搜索功能、"＃"标签功能，都可以顺利地找到需要的网红。

③ 通过网红平台。

目前，线上有很多的工具和专门的网红平台，如 Traackr、Buzzoole、NeoReach、Upfluence 和 WotoKOL 等，它们都可以帮助跨境电商卖家快速找到合适的网红。相对于通过 Google 搜索和社交媒体寻找网红，通过网红平台寻找网红可以更加直观地看到网红的社交媒体状况，方便查找和筛选。

2．与网红联系和合作

寻找到想要合作的网红后就可以开始与其接触和联系。与网红联系最直接、有效的方式就是通过网红平台提供的邮件模板，批量联系网红。当然，单纯的文字联系是很难打动网红的，所以需要给网红提供一些好处，通常有以下几种方式：提供佣金、独家内容或者代言、免费的产品或者样本、持久的促销折扣或者特权、为网红的网站或者社交账号引流等。如果预算足够，跨境电商卖家也可以选择与网红营销平台合作，请平台为自己联系网红，这样可以节省交流的时间和成本；同时大多数网红营销平台都与大量网红保持长期联系，联络起来也更加方便。

3．衡量网红营销成效

任何营销活动都是以营利为目的的，那么应该如何衡量网红营销活动成效呢？一方面，要考虑投资回报率；另一方面，要考虑营销目标的达成情况，对目标达成情况的衡量，也是对整个方案和活动的检验。

三、任务实施

按照 5~6 人一组组成跨境电商网红营销团队，分别查找与电子产品、运动产品、化妆品、服饰和母婴用品推荐相关的网红。

步骤一：每个团队为一个产品类别寻找 3 个合适的网红，了解并深入调查每个网红的基本信息，包括受众国别、粉丝年龄段分布、粉丝性别占比、粉丝数量、粉丝覆盖率、发帖频率、平台建议合作价格等信息，并将以上信息填入表 8-3 中。

表 8-3　网红及其基本信息

产品类别	网红	受众国别	粉丝年龄段分布	粉丝性别占比	粉丝数量	粉丝覆盖率	发帖频率	平台建议合作价格

步骤二：根据需要筛选出合适的网红，并撰写一封寻求合作的邮件，将相关信息填入表 8-4 中。

表 8-4　合作邮件

网红	
邮件标题	
邮件正文	

步骤三：在全球速卖通首页进入网红专栏，查看网红的推荐博文，并进行模仿，写一篇产品（来自全球速卖通）的推荐博文，将相关信息填入表 8-5 中。

表 8-5　产品推荐博文撰写

标题			
文字			
图片			
产品链接			

四、知识拓展

阅读材料：网红究竟施了什么魔法让商品获得更多的销量呢

某男网红在全球速卖通上拥有超过 10 万个粉丝，他是既做直播也写博客的红人。在全球速卖通上，消费者都很愿意购买他推荐的商品，因为消费者信任他的决定，也有一些消费者就是因为喜欢他所以会买他推荐的产品。"一开始，我会在网店上购买一个不错的产品，然后在直播和博客上展示，喜欢的粉丝会购买，通常购买后的粉丝都会留言表示感谢。"他说道。当然，在他的博文中，更多的是关于产品的评价，包括"棒"或者"产品真的很好，我很喜欢"等。

在问及为什么大家都会尝试购买他推荐的产品时，他则表示，因为每一次，他都会诚实地介绍这个产品的质量，无论是好的地方还是不好的地方，他都会详解描述，不会说谎。如此看来，网红跟粉丝间的信任更多是日积月累形成的。每一次网红都会如实地介绍产品，粉丝购买这个产品后，发现产品本身跟网红描述一致后，对该网红的信任度就会增加。久而久之，对于该网红推荐的产品，粉丝都会认为是不错的。

因此，对于跨境电商卖家来说，仅仅让网红营销产品是不够的，还需要让其营销优质的产品，不然网红不一定会接单，而低质低价的产品最终不会受到消费者的欢迎。换个角度看，网红也将成为高质量高性价比产品接触消费者的一个极佳渠道。

█ 五、同步拓展

① 分析网红为什么能够使商品获得更多的销量。

② 分析网红推荐的产品都有哪些特点。

📖 项目总结 ●●●●●●

本项目主要介绍了跨境电商营销策划,包括跨境电商文案策划、独立站品牌出境策划、跨境电商节日营销策划以及跨境电商网红营销策划。随着跨境电商的迅猛发展,消费者的消费理念已慢慢改变,跨境电商营销已成为跨境电商企业实现盈利的必经之路,网络的可视化与互动性,使企业的品牌变得更加突出,品牌价值得到提升。